# 通往高手之路

赵晓璃 著

电子工业出版社·

**Publishing House of Electronics Industry**

北京·BEIJING

**图书在版编目（CIP）数据**

通往高手之路 / 赵晓璃著 . -- 北京 ：电子工业出

版社 ，2024. 8. -- ISBN 978-7-121-48374-5

Ⅰ . C913.2-49

中国国家版本馆 CIP 数据核字第 2024CD2343 号

责任编辑：张振宇　　王浩宇
印　　刷：唐山富达印务有限公司
装　　订：唐山富达印务有限公司
出版发行：电子工业出版社
　　　　　北京市海淀区万寿路173信箱　邮编：100036
开　　本：880×1230　1/32　印张：8.25　字数：259.2千字
版　　次：2024年8月第1版
印　　次：2024年8月第1次印刷
定　　价：58.00元

凡所购买电子工业出版社图书有缺损问题，请向购买书店调换。若书店
售缺，请与本社发行部联系，联系及邮购电话：（010）88254888，88258888。

质量投诉请发邮件至zlts@phei.com.cn，盗版侵权举报请发邮件至dbqq@
phei.com.cn。

本书咨询联系方式：（010）88254618，influence@phei.com.cn，微信号：
yingxianglibook。

不喜欢现在的工作，可又不知道该干什么？

工作没有成就感，难道一辈子就这样了吗？

无数次想辞职，又怕辞职之后找不到合适的工作……

作为一名职业规划咨询师，每天我都在和这些问题打交道，渐渐地积累了一些心得与方法，便将一些代表性的职场问题进行了梳理，集结成这本书。

我是赵晓璃，财务出身，在企业做了10年，做到财务经理。32岁那一年，我进行了第一次职业转型，利用业余时间笔耕不辍，不遗余力地帮助很多职场人走出迷茫，我也成为一名资深职业规划咨询师。35岁和36岁这两年，我一共出了三本职场书籍。你看到的这是第五本。

也许是受常年财务工作的影响，我平时喜欢思考，尤其擅长分析总结，书中内容多是根据真实职业咨询案例总结而成的，注重实用性和落地方法。不论你是需要专业的职业规划咨询师帮助指导，还是需要通过阅读思考自己找到出路，或许这本书能给你提供一些帮助。

本书集中了以下常见的职业问题：

如何找到自己的职业方向？

如何保持足够的专注力，在擅长的领域深耕细作？

如何迅速走出新手期，成长为熟手甚至专家？

职场沟通方面，到底有哪些值得注意的地方？

如何建立自己的优势？

在多变的职场环境下，我们该如何部署，让自己的价值最大化？

如何做成一件像样的事情？

如何控制自己无法遏制的情绪，做个理性的职场人？

由于精力与时间有限，我的咨询以及问答所能帮到的人毕竟是少数，希望更多的人能够通过我的书获取方法与力量，最终依靠自己走出困境。独立这件事，最痛苦也最关键。

书中出现的人物及故事全部经过了文学加工与处理，所有人物的姓名均为化名，书中的观点与方法都有对应的情境和背景，因此各位读者在阅读本书时，请重点关注分析思路，务必独立思考，切忌照搬套用。

这里没有不切实际的想象，也没有空洞的口号，有的只是从一个又一个真实的职业咨询案例中总结出来的教训和经验，它们或许能成为你前进道路上的一盏又一盏灯，让你少走弯路，早日实现想要的人生！

赵晓璃

2024年3月

**目录**
CONTENTS

# 第 1 章

## 给自己制定一份
## 职业生涯规划

## 选择好第一份工作

今天发生的所有危机，多年前在你选择安逸还是拼搏的那一刻，其实早已注定了。

《凤凰网周刊》的一篇文章《东北青年们的入职选择：有编制扫大街也行》引发了很多人的关注，文中提到：

哈尔滨市招聘457个清洁工，引来1万余人报名，其中近三千人有本科学历，25人有统招硕士研究生学历，"事业编制"是他们趋之若鹜的根本原因。

在我看来，不是说编制一无是处，但是编制作为一个历史产物，必然会存在很多限制，比如可能更看重背景关系大于能力。

从职业生涯角度考虑，为了编制去扫大街，对很多家境一般的年轻人而言，也就意味着今后的漫长岁月里，你的工作内容就是扫大街；当若干年后的某一天，你看着曾经不如你的同学一个个风生水起，再惆怅地望着多年不变的工资条，到那个时候，或许比多年来的挣扎和痛苦更让你备感无力和绝望的，是你赫然发现，自己早已丧失了再次选择的勇气和胆量。

作为一名职业生涯咨询师，我做过不下五百例职业咨询案例，我想告诉你的是，很多故事的开头，主人公都抱持着盲目的乐观与自信，无视或者不知道选择的重要性，结果一步错步步错，等他们想要从头再来的时候才发现，自己早已失去了改变的力气和勇气，只能眼睁睁地看着自己在时间的长河里继续沉沦下去。

英子在咨询之前一度感觉自己很失败。她毕业10年，一开始在企业里跌跌撞撞，要么感到压抑痛苦，要么感觉学不到东西。3年后，经家人托关系，她总算进了一家事业单位，但属于编制外工作人员。她曾经尝试过考事业编制或者公务员，但因为写作是自己的弱项，所以屡试屡败。

英子对职业选择和未来走向一片迷茫，实在不知道要从哪里突破，感觉再这么混下去就要荒废了。从网上买了我的书看完之后，她毫不犹豫地和我取得了联系，预约了一次职业咨询。

英子的经历让我唏嘘不已。随着类似案例的累积，我渐渐认识到一个残酷的真相。那就是，如果你试图绕过20岁的迷茫和焦虑，不去正面冲撞它、击破它，它就会在你未来的岁月里卷土重来，并且一次比一次凶猛，而你，却一次比一次无力。

2003年的那个夏天，我正式开始了职业生涯里的第一份工作，迎接我的不是宽敞明亮、开着空调的办公室，而是挥汗如雨、轰鸣声不断的高温车间。

在这份工作之前，我身边有两个人力劝我考公务员，一位是我的父亲，另一位是我实习单位的财务主管。

大四上学期，我有机会去一家军工企业实习，在实习前我就被人事告知，如果表现优异就可以被留用。虽然普通员工的工资不高，但那家公司非常正规，加班给付高额报酬，伙食也属于员工福利，无须花钱，菜品丰富，并且不限量，敞开供应。

我激动不已，感觉办公室白领的生活就在我的眼前，于是在拿到实习期第一个月的工资后，我立即对自己进行了一次从头到脚的打造与升级：我染了头发，买了一身时髦的衣裳，生平第一次蹬着高跟鞋，昂首挺胸地穿梭在办公室里，却浑然不觉一场危机正悄悄向我袭来。

那段时间里，我开错了25张发票、作废了18张现金支票，我的内心十分恐慌与焦虑。当时我那么强烈地渴望留下，于是我给我们主管和办公室里的主办会计买了两枚镶满水钻、闪闪发亮的发卡，然而她们并没有收下。

实习期结束后，财务主管把我叫到会议室，和我进行了一番谈话。

主管："小赵，我觉得你更适合考公务员，你看，公务员这两年刚刚开始招考，你完全可以试试。"

我："你的意思是我不适合在企业发展吗？"

主管："怎么说呢？企业不是慈善机构，我们看重的是你能给企业带来多大的价值，而从你实习期的表现来看，似乎你无法满足我们的期待。"

我："那你能具体说说吗？你为何认为我适合考公务员呢？"

主管："因为体制对你有一个好处，它能给你提供一份绝佳保障。只要你的工作不犯原则性的错误，都是被允许和原谅的，你可以每个月按时领工资，过得安稳无忧。

我多想和主管说，其实我并不是一个深谙人情世故的人，我只是太想留在这里了，察觉到她们的不满后，才会想到通过买礼物改善她们对我的印象，显然，我把事情想得过于简单了。

"可是领导，我不是你说的那种人，你能听我解释一下吗？"我试图最后再争取一下。

"不必了，我还有很多事要忙，另外我们也招到了一位更合适的人选。"主管说完，就离开了会议室。

我怀着深深的挫败感和无力感，回到家里把自己关在房间里反思了几天，总结出三条经验及教训。

　　（1）对于职场新人而言，重要的不是平台有多优越，而是你能为它做些什么。

　　我发现，优越的环境特别容易让人丧失斗志，并且会引发一种莫名的优越感，让人忘乎所以，反而成为我们前进道路上的巨大障碍。

　　直到后来我才意识到，这种"优越"其实和我没有什么关联。

　　这家单位效益好，首先是因为它属于受国家政策的保护和扶持的行业；其次，它所生产的产品性质特殊，不存在激烈的市场竞争；最后，从工资待遇来看，普通员工的待遇其实和其他企业并没有太大差异。

　　再好的平台都不是保险箱，如果你没有能力或者无法胜任，同样免不了残酷出局的命运和结局！

　　（2）寻找第一份工作，其实很重要。

　　我至今还记得，当初那家实习单位的HR对我说的这样一番话——

　　"其实一个人未来能做什么，能有怎样的发展，第一份职业的选择至关重要。虽然眼下你遭遇了一次挫折，但总有一天你会庆幸，这样的挫折是发生在实习期，而不是发生在你毕业后的第一份工作中。要知道，没有单位会去计较一个应届毕业生的实习经历，当然如果有单位要来查证你的实习表现，我会尽可能为你美言几句。谁的职场都不容易。但我希望你能真正从这次挫折中吸取教训，好好思考未来的职业道路，尤其是行业及公司的选择，这将会在很大程度上决定你未来的职业生涯及发展前景，一定要高度重视。"

　　这位HR的话深深地印在了我的脑子里。

　　我开始思考一个问题，到底是按照主管及父亲的建议考公务员，还是去企业历练呢？

为了更客观地进行判断，我特地跑到税务局等单位，观察那些工作人员都在做什么，他们的工作状态是怎样的，这种工作内容及状态究竟是不是我想要的。

当时我带着零食，在他们忙的时候我就静静坐在大厅观察；他们不忙的时候，我就用零食做突破口，和一位看起来比我大不了几岁的姐姐渐渐熟识了起来，向她打听具体的工作内容，听她谈论真实的体会与感受。随着信息掌握得越来越多，我渐渐打消了考公务员的念头。

我头一次明确地认识到，这份稳定的职业无法满足我真正的需求。

我想成为一个有竞争力的人，我想拿高工资，同时我也从这位姐姐的口中得知，有很多东西是你怎么努力都无法获得的（技术性极强的可以区别对待）。

我真的可以为了稳定，去忍受多年如一日的乏味与重复，就是我想要的工作吗？难道我曾经的抱负与理想，可以被他人眼中的"好职业"所替代吗？

我又托男友了解企业里的情况，其中一位他当年同寝室的同学在一家企业经过三年打拼，做到了公司的技术骨干，据说领导已找他谈过话，打算给他一些人手，让他慢慢接手一些项目。

我发现，对于很多类似我这样没有背景的大学生而言，想要实现命运的逆袭，一定要选择一个相对公平、注重能力的竞争环境，这样方能通过自己的努力，走出一条适合自己的路。

而对于财务专业毕业生而言，最难做的行业莫过于制造业。虽然一开始工资不高，环境艰苦，但无疑能学到很多东西。于是经过半个月的走访调查及慎重思考，我决定从生产型企业的财务做起，开始有针对性地投简历，很快就成功应聘到一家大型生产企业。

这家企业有个不成文的规定，那就是所有应届毕业生都需要经历半年左右的生产线工作，再视表现予以转正。

现在想来，企业的这项举措不失为一种聪明的做法，如果一个人内心缺乏明确的目标、吃不了苦、做事没有毅力、身体素质差，很快就会被繁重的流水线工作拖得身心疲惫，最终主动离职，从而让企业达到"自然淘汰"的目的。

（3）任何人给你提出的建议，都有各自的角度和动机，但永远不能替代你自己的选择。

多年后的一天，当我和父亲闲聊时，无意中谈及当年建议我考公务员的话题。他说："其实做父母的都想子女比自己过得好，而在我们那个年代，吃公家饭无疑是最正确的选择。每个年代的人都有各自的局限，我们说的话未必都是真理。如果做子女的太听话，没有自己的主张和选择，那就是子女真的能力不行，连这点主见都没有，看来只能图安稳。"

我豁然开朗。

是的，包括曾经的那位主管，我当时感受到的是满满的恶意，但如果站在她的角度来看，我的所作所为给她传递了这样一个信息，那就是，我做事不怎么样，反而好像很懂人情往来。

你会发现，每个人向你提出的建议，其实都有各自的动机和角度，但最终的决定权，还是在你自己手里。

四

我深知，今天的职场承载着很多人大半辈子的梦想，我们渴望在柴米油盐里填充奋斗的梦想，我们渴望通过奋斗充盈我们的生命。写下这些，只希望今天的你能够仔细思考眼下的问题以及未来可能要面临的更大的问题，尽早下手解决问题，不要再浪费更多时光，早日实现自己想要的人生。

## 职业发展的三个阶段

在人生的赌局里，想要获得不菲的回报，就要学会在"永恒不变的价值"上持续下注。

对于职场人而言，我们密切关注自己的价值，而大部分人都会觉得自己的收入低了。

刚出校门那会儿，你和其他同学的起薪差不多。然而不知从何时开始，你们之间的收入差距却一点点地拉开了。

直到有一天，你赫然发现，有的人在职场中风生水起，月入过万且正在往中高层跃迁；而你，却依然拿着微薄的工资，每天为生活奔波，不知何时才是个头。

在毕业五六年之后，你们之间的落差和对比一天天明显起来。这对很多人而言，确实是一件残酷的事。

但这就是现实。

每个人都渴望自己在毕业五六年后小有所成，成为那个月入过万、有事业追求的人，而不是那个为生活疲于奔波的人。

那么，想要获得职业的成功，到底需要做些什么呢？

### 一、想要成功，必须抓住核心要素

做职业规划师至今，我陆陆续续做了不下于百例的咨询案例，也做过很多次线下交流与分享。很多人听说我的身份之后，总是会问我这样一个问题：怎样才能获得职业的成功？

我打开word文档罗列出了很多因素，后来经过反复推敲、删繁就简之后，发现整张文档里，只有这五行字——

（1）找到一份适合自己的职业起步。

（2）做一名耐心的老员工。

（3）找到自己的独特性。

（4）提升商业思维，关注社会需求。

（5）给自己绘制一份商业画布，从一个点进行辐射，去服务更多的人。

在毕业之后的第一个5年，一个人想要在职场中获得不错的发展，最好要完成前三项任务。

从我经手的职业咨询案例来看，30%左右的人依然在第一点上徘徊不前，始终找不到适合自己的职业起步；50%的人栽在第二点上，毕业几年频繁换工作，做任何职业都像是"蜻蜓点水"，很难深入某个行业获得不同的洞见；只有20%的人完成了第一项和第二项任务，但他们中的大多数却困于第三点，那就是工作多年，依然不知道自己的独特性在哪里，对于如何提升自己的市场价值更是一无所知。

为什么你的职业生涯总是不见起色？

论上学时的成绩，你并不逊色，甚至是佼佼者；

论工作起点，你也并不比别人差，你所在的公司在行业里也颇有名气；

论勤奋程度，你每天也在加班加点，起得比鸡还早，并利用一切时间充电学习……

可能你也隐隐约约意识到了，一定是哪里出问题了，否则不会在五六年之后，收入还没有任何实质性的提升。

## 二、完美的职业起步=朝阳行业+适合自己的岗位

毋庸置疑，个人的职业发展往往受制于行业大环境的影响。

还记得几年前，当我决定从企业里走出来进行第一次职业转型的

时候，就有很多人表示不理解，身边的质疑声此起彼伏。

那个时候"互联网"这个概念早已不是什么新闻，但传统行业里的从业者信息封闭，也很少关注行业的走向，这就导致他们在危机到来之前没有任何防备。

当时我所在的那家电子厂，生产的是电器里的某款元器件。

连续几年的财报分析显示，这款元器件的销量逐年下滑。我曾经分析过原因，那就是整个电器行业的技术日益提高，对于这款元器件的需求越来越少了。公司只有一条路，加大研发力度，只有研发出适应新功能的新型元器件产品，才可能有活路。

然而悲哀的事实是，由于资金匮乏，公司很多研发工作进行到一半就偃旗息鼓，新的产品没有研发出来。同时由于举债过多，公司很快就陷入了巨大的危机。

在我离开后没几年，公司就宣告破产。当我再次坐车路过那个地方时，那里早已野草丛生、一片萧条，之前霸气的公司门牌也不见了。

这些年，倒下去的企业真的不计其数。

有一次，应某区管委会的邀请，我给他们区的财务人员做职业规划培训。赫然发现，在座的很多人只知道埋头干活，浑然不知世界发生着怎样的改变。

因此，如果让我给毕业生朋友们做职业建议，我的建议倾向于找一份朝阳行业，从自己可以做的职位入手。

如果你所处的行业日暮西山，即便你用了多年时间做到了行业里的高级技术员又如何？世界不需要这个行业了，它不会怜悯眷顾你的青春与汗水，到头来照样把你清理出局。

而如果你从朝阳行业起步，即便你所在的公司很小也不正规，哪怕最终关门大吉，你也不用担心。因为随着行业的发展，你会发现跳槽到其他公司易如反掌。

雷军说的"风口"就是这个意思。如果一个行业日渐没落，你很努力做到No.1，也不过尔尔，依然会惨遭淘汰。

你没有错，只是社会不再需要你了。

### 三、职场适应期：做个耐心的"潜水员"

通常来说，如果你所在的行业是朝阳行业，你所在的企业运营个5年10年不成问题。那么你所需要做的一件事情，就是做个低调的"潜水员"，默默积累自己的实力。

这一点看似简单，实则最难。

在HR看来，除去不可抗力因素（例如公司破产倒闭）之外，一个人只有在一家企业呆3年以上，才有可能接触到这个行业的真实情况，才有可能获得属于自己的洞见。

为什么撑过这头三五年如此重要？

首先，能撑得过头三五年的，应该是能胜任岗位的。否则连岗位都胜任不了，根本不可能通过试用期转正，更别提待上个三五年了。

其次，能撑得过头三五年的，这个人的沟通能力应该还不错。也就意味着，他的人际关系不一定多好，但也不至于很差。

最后，能撑得过这三五年的，往往是有自己的主见的，不太容易被外界诱惑所迷惑，知道自己的职业方向和目标。

在这三五年中，每个职场新人都要面临这些挑战——

（1）试用期能否迅速进入角色、融入团队，决定着能否顺利转正。

（2）适应期是否懂得与人协作、与人为善，决定着这个人的职场人际关系，也决定着他能否获得他人的认可与好评。

（3）面对形形色色的诱惑，比如一份薪水比目前高的工作，这个人是否能够不为所动，足以反映出一个人的心理成熟度——是即刻选择自己想要的，还是愿意为更好的结果坚持下去？

这被称为"延迟满足"，是心理成熟的重要标志。

想想看，这个世界不乏很多精于算计的"聪明人"，但缺的正是有定见的"傻瓜"。

职场中比个人能力更关键的，恰恰是一个人能否定下心来深入工作，而不是如"职场浮萍"一般，始终在浅层打转。

马云的阿里巴巴创造了很多财富神话，也制造了很多令人艳羡的千万富翁。但有个鲜为人知的事实却是，这些人大部分在10年前并不是什么名校毕业生，也不是能力超群的人。

其中奥妙，在后面会有阐述。

## 四、职场发展期：你的价值是由什么决定的

一个人的职场价值其实是两个因素相互作用的结果，分别是市场的需求度和能力的独特性。

在能力的独特性方面，往往有两种情形最为常见。

一是纵向，指的是你某一能力的专业度和深度。

比如很多高学历的科研人员，学物理一路学到博士，玩的就是专业度和深度。

二是横向，指的是你在其他同行不具备的能力里有优势，属于广博型人才。

比如财务培训师，除了专业知识要过硬之外，关键在于是否能调动学员的积极性、能否用通俗的语言将高深的知识讲得深入人心、易于接受。

如果这个人有很强的独特性，意味着要么是某一领域的深度人才，要么是四通八达的广博型人才，同时社会的需求度很高，那么这个人不大展身手简直天理难容。

十几年前，一个怀揣满腔热情、有志于在媒体行业大展拳脚的小伙子，始终没有获得央视正式编制。

据说这样的人当时并不在少数。

据公开资料显示，这个人曾担任《商务电视》《经济与法》《对话》等栏目的制片人。

这几档节目让央视很多名嘴家喻户晓，而对于这个默默无闻的制片人而言，走不到台前就意味着无法被人记住。

他的口才和创意极好，将负责的几个栏目做得风生水起。然而即便如此，他依旧无法解决编制及户口问题，走的时候还是一名编外临时人员。

随着社交媒体和自媒体时代的到来，这个敏锐的媒体人创办了一个脱口秀栏目，辅以微信公众号平台，从幕后走到了台前，并取得了前所未有的成就。

尽管这些年，围绕在他身上的争议不断，但不容否认的是，罗振宇具备强烈的独特性——优秀的演讲能力、高度敏锐的商业嗅觉以及杰出的资源整合能力等，是个广博型人才。

与此同时，社会大众在时代的驱赶下普遍焦虑，正如业内人士分析的那样，很多人不需要什么"营销之道""创业的那些坑"。他们只想迅速走上财富自由之路，只要每天收听这样的知识栏目，就会有一种"我在学习，没有虚度光阴"的满足感。

于是，我们看到了一代知识商人罗振宇的崛起。

他的崛起，何尝不是个人独特性和社会需求共同推动的结果呢？

而对于一些名牌大学的毕业生而言，又是什么情况呢？

他们的职业起点比较高，但没有谁一开始就会被放到关键的岗位上。因此，这些名牌大学的毕业生，如果不能在三五年内取得突破，则很容易"泯然众人矣"。

以此类推，以月入3万元的煎饼大妈为代表的普通劳动者多是处在"劳碌区"——你不能说他们没有技术，但这些技术不需要什么独特性。也就意味着，你会摊煎饼我也会摊煎饼，拼的是谁更能吃苦更能下力气。当然，也取决于谁能抢占到好位置。

而类似陈景润、华罗庚这样的人物，显然是在"专家区"。

这些人绝对是学问高深、独特性极高，社会需求相对较少，社会贡献极大。

人们看到的是这些人成为专家后的声名鹊起，看不到的是这些人多年如一日地刻苦钻研与艰辛付出。

试问，你是在什么区域呢？你认为你的价值又是多少呢？

**头部区**
社会需求大，个人具备很强的独特性，成为行业领军人物。

**劳碌区**
社会需求度低，对个人独特性需求低，赚的是辛苦钱。

**初级区**
有一定的社会需求，但对个人独特性没有太多要求，如果无法跨越，则泯然众人矣。

**专家区**
社会需求不高，但对独特性要求高，一般人做不了。

**常见的四大职业区域**

## 五、你自己的下一步该怎么走

总体来说，人与人毕业后五六年的职场差距，多是上述三个阶段的几个关键点所致。

如果你毕业三五年后，依然徘徊在第一阶段，可能需要重新审视安全感这种东西。

如果你心存不甘，那就从头开始，一切归零。

除此，并没有任何捷径可走。

# 职场决策三步法

选择之所以困难重重，很大程度上是因为绝大多数选择从本质上来说是决策，而对于判断力及决策力欠缺的职场新人而言，做出决策难比登天。

工作两三年，谁都希望通过变化改变现状，这时候，选择就变得尤为重要：

是跳槽还是不跳槽？

是转行还是坚守？

是创业还是甘当职员？

…………

很多人陷入了莫大的迷茫。

要知道，选择之所以困难重重，是因为这件事远没有很多人认为的那样简单，它更是一项系统工程。

毫不夸张地说，每一项选择的背后，本质上都是两个字——决策。

本节将着力解决以下三个问题：

（1）为什么你总是难以做出选择？

（2）你真的到了选择/决策的关口吗？

（3）对于选择/决策，有什么落地且实用的方法？

第一，为什么你总是难以做出选择？

我对某一段时间经手的职业咨询案例进行了整理，赫然发现，80%左右以"职业选择"为始的咨询案例，到头来的症结恰恰不在选择上。

这到底是怎么回事呢?

在分析这个问题之前,我们需要达成两项共识。

不知你发现没有,人生就是一个决策接着一个决策的过程,与其说我们在做选择,倒不如说我们做了一个又一个的决策。

比如,你考大学那会儿选择了什么专业,毕业之后选择了什么样的工作,工作之后选择了怎样的伴侣……这些无疑都是人生中的重大决策。

但与此同时,你也会发现有很多人不敢做决策,甚至每每遇到需要做决策时,他们会习惯性地将人生重大决策权交由他人完成。

因此,具备决策能力是一个人成熟的重要标志。

我们再仔细分析,每一次决策的关口,我们面对的到底是什么?

就像有个读者曾经写的一段评论那样:选择之所以困难,是因为每个选项看起来都差不多,说不上特别好也说不上特别坏,因为一旦有个绝对好或绝对差的选项,我们也不至于苦苦纠结了。

这就是选择/决策的真正问题,选择也好,决策也罢,它都是一种朝向未来的冒险。

我们需要达成的两项共识就是——

具备决策能力是一个人思维成熟的重要标志;

决策是一种朝向未来的冒险。

一旦达成了这两项共识,你就不难明白很多人无法进行决策的根本原因了,一是思维不成熟——习惯于把选择权交给他人,思维模式始终停滞在"妈宝男/妈宝女"的阶段;二是总以为这世上存在一个完美的选择——只想占尽所有的好,却不愿承担相应的代价。

第二,你真的到了选择的关口吗?

从事职业咨询以来,我曾经遇到过很多让我哭笑不得的选择问题。

最典型的莫过于这种——"老师,我有个问题想了很多年了,我在这家单位做了十好几年了,工作也很轻松,但我总感觉哪里不对劲，我也想成长，你说我要不要辞职？可万一辞职了，找不到其他工作怎么办？"

遇到这种问题，我通常会反问对方——"这个问题困扰你多久了？你认为自己最晚到什么时候必须有个选择？"

如果对方的回答是——"我也不清楚，其实也不是非解决不可的事儿，但我只要一有空，脑子里就会蹦出这样的困扰，你说最晚到什么时候，我也不是很清楚。"

这就是"选择的假象"。

真正的选择关口，必须满足一个条件——有明确的时间底线。

如果你的决策既不紧迫也没有时间限制，建议找个朋友倾诉一下，缓解一下由于不满现状带来的压力和焦虑即可；如果你最终能说服自己，原地不动不选择也是一种选择，那说明你目前的状态是自己能够接纳的，不妨给自己找点有趣的事情丰富一下生活就好。

除此之外，选择的关口还有一个重要的条件，那就是你自己拥有决策权。

我曾经遇到过一位咨询者，他已经40多岁了，正面临单位的人事调整。

他说："我在一家事业单位上班，领导最近找我谈话了，说是要把我的岗位进行一下调整，让我从事其他岗位的工作，我不知道自己适合哪个岗位，这个选择太难了。"

我问他："在这个问题上，你有决策权吗？或者说，去哪个岗位，真的由你说了算吗？"

对方回答："其实，我根本就是在瞎操心，因为最终我去哪个岗位，到时候人事部会找我谈的。实际上，我猜他们对我的岗位已经做了安排。"

"所以，"我提醒他："这不是一个选择问题，更像是一个适应问题，我们接下来更应该探讨的是，你该以怎样的状态迎接新的工作……"

记住，没有决策权的选择，根本谈不上选择，你更应该从适应层面想些办法。

第三，给大家介绍决策三步法，帮你解决选择问题。

第一步，探究个人观点，你对这件事到底是怎么看的？

在这个步骤里，你不妨先站在其他人的角度给自己提议，并去思考为何他人会给你这样的提议，以及你自己内心到底是怎样想的。

举个例子。有个大三的学生问过我这样的问题："老师，我不知道是要考研，还是考公务员，或者是找工作？"

我问他："如果你父母此刻就在你的面前，他们希望你做出怎样的选择？"

"他们肯定希望我考公务员。"他说。

"为什么他们希望你考公务员呢？"我问。

"他们觉得公务员稳定呀，并且如果我考上了公务员，他们也会感到很有面子。"他说。

这个时候，我会继续问他："你如何看待他们的看法呢？"

"我并不这样认为。虽然公务员的工作稳定又体面，可我更喜欢探险，这种体面稳定的工作不适合我的性格。"

这个时候我们就不难得知，当事人对这个问题真实的想法了。

接下来继续探寻："如果你把这个问题抛给身边的同学和朋友，他们会如何建议呢？"

"他们会建议我考研。"他说。

"哦，为什么呢？"

"因为他们认为我的学习成绩不错，不考研有些可惜了。"

"对于这个问题，你怎么看呢？"我问。

"其实吧，我压根不喜欢学习，考试完全靠临时抱佛脚，只能说我的短期记忆力不错，但并不是真正喜欢学习。"

这个时候，当事人的倾向越来越清晰了，还需要再进一步排查——

"对于找工作这件事，你怎么看？"我问。

"我就是不太清楚要找什么样的工作，但是听他们说，现在找一个好工作实在太难了，所以特别纠结。"他说。

这个时候基本就可以聚焦问题了："也就是说，如果你现在能找到一份合适的工作，就不会考虑考研或考公务员了，是吗？"

"是的。"

至此，决策层面的问题基本解决了大半，接下来就需要增加新的行动，方能完成一次真正的选择。

第二步，跨越选项看目标。

现在把这些选项放下，认真思考，你的目标到底是什么？

当你不知道去哪里的时候，你做的任何线路规划都不具备实质性的指导意义。

当你不清楚自己要买什么的时候，你逛了一天的商场也可能一无所获。

当你因为一件小事和同事发生了冲突，你甚至都不清楚你们争执的目的到底是什么。

曾经有一个咨询者，刚开始的时候吵着闹着要离职，一问才知道，原来她是因为一件工作配合与衔接的问题和同事发生了冲突，她认为这工作没法干下去了。

这个时候，最好的方法就是回顾来这家公司的初心，或者找到你的职业目标——

你当初为何来这家公司？当时对自己的职业发展怀着怎样的期待呢？如今达成了吗？

在反思职业目标之后，结合上述案例，当事人不妨问问自己这样几个问题——

面对人际冲突，你认为这是危机还是挑战？

如果化解了这场冲突，对你今后的职业发展会带来正面的影响吗？

如果选择逃避问题，你能保证今后不会遇到类似的冲突吗？

所以，你是选择继续待下去，把这份工作做到九十分以上；还是选择另谋出路，想必你内心早有了答案。

第三步，搜集足量的信息，决策是在充分调研的基础上做出的判断，而不是想当然。

这一步最常见的方法有：

去知乎发帖，询问你想要了解的行业信息；

去在行约见行业专家，听听他们对行业的看法；

通过身边朋友介绍，约见相关从业人员，对他们进行职业访谈，问问他们真实的工作体会与感受，等等。

记住，信息搜集得越客观越充分，结合之前的目标，你就越容易做出相对理性的决策。

总之，一次真正有价值的选择，是建立在系统思考及充分搜集信息之上的，它考验的是一个人背后的判断力和决策力，而这些，恰恰是成熟的重要标志。

因此，敢不敢做决定，能不能做决定，以及做什么样的决定，这些始终是每个人都绕不过去的人生课题。

# 职业生涯设计

如何看待职业生涯设计，决定了你是否能够持续获得成功；如何进行职业生涯设计，决定了你能否不断获得成长。

80%以上的职场人之所以频频跳槽甚至遭遇职业断崖，有一个很重要的原因，就是他们缺乏系统的职业生涯设计思维。于是他们很忙碌很辛苦，却往往收效甚微；在很多重大关口上，比如跳槽、转行等方面，更是苦于无从下手，不知该往哪里走。

很多人认为，职业生涯设计就像画一条线，告诉你前面应该到哪里，现在你在哪里，然后两点成一线，如何快速到达目的地。

这种生涯设计思路，我们称之为"线性设计"。

该设计中最大的缺憾，就是没有考虑到未来的变量。它设置的目的地也仅仅是从当下各种条件做出的判断。当你顺着这条线往前走，如果有一个因素变了，你就会发现这条线突然就断了，不得不停下来，重新寻找另外的线路——所以往往人们认为最快捷的那条路，却是最长的一条路。

在我看来，真正的职业生涯设计，更像是画个圆。

## 一、第一步：找到那个圆点

想要画个圆，首先要找到那个圆点，再设计好半径。

对应到职业生涯设计中，这个圆点到底是什么？又该如何找到呢？

## 1. 这个圆点到底是什么

很多人都倾向于认为，一定要找一份自己喜欢的工作。也就是说，他们倾向于认为，这个圆点应该是从兴趣层面入手。

但是从小到大接受的教育以及成长环境让很多人缺失了兴趣探索的重要一课。其实兴趣也只是一种诱饵，它的终极目的是帮你克服对未知的恐惧，经过几万小时的刻苦练习，形成一项自己的优势。

举个例子，我想让一头大象过桥，但是大象害怕桥下面的河水，迟迟不敢过桥。为了转移大象的注意力，让它顺利过桥，我可以用一根香蕉引着它往前走。

在这里，香蕉就是"兴趣"，"过桥"才是目的。

比如，很多人提到兴趣就会想到吃，你喜欢火锅的辛辣、冰淇淋的香甜、巧克力的柔滑，这都是感官刺激。

感官刺激给你带来的只是一时愉悦，想要上升为变现的能力或者以此寻找职业，光有感官兴趣是远远不够的。

有些人除了喜欢吃，还喜欢研究吃。他不需要他人催促，自己买来很多烹饪书籍研究，并且愿意投入时间精力琢磨如何烧出一手好菜。这个时候，他的感官兴趣加入了知识的学习，在烹饪的过程中提升了技术与能力，渐渐形成了优势，但这个时候未必能将其做成职业。

职业与兴趣最大的不同在于，兴趣是你选择享受你喜欢的部分就好了，不喜欢的部分不需要你去承担。比如你擅长做红烧排骨，但这一点不足以成为职业，要成为职业，你必须放下你的喜恶、扩充你的知识、提升你的能力——很多时候都需要经过专业系统的学习。你既要会烧你喜欢的排骨，也要会烧你不喜欢的猪大肠，如此一来，当你具备了起码的职业技能之后，才能找到对应的职业。

所以，我们第一步找到的这个圆心，其实就是我们的优势。它从兴趣演变而来，需要你进行仔细甄别与发现。

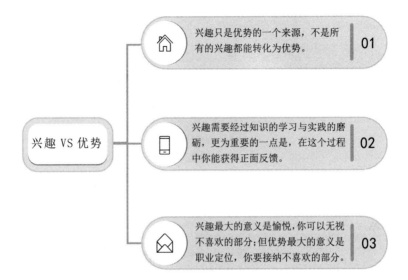

兴趣只是优势的一个来源，不是所有的兴趣都能转化为优势。　01

兴趣 VS 优势

兴趣需要经过知识的学习与实践的磨砺，更为重要的一点是，在这个过程中你能获得正面反馈。　02

兴趣最大的意义是愉悦，你可以无视不喜欢的部分；但优势最大的意义是职业定位，你要接纳不喜欢的部分。　03

### 2. 如何找到这个圆点

你愿意做且能做好的那个点，就可以成为职业生涯设计的圆点。

对于很多工作了5年以上的职场人而言，寻找优势将成为他们职业转型新的圆点。他们可以以优势为圆点，以经验与技能为半径，拓展自己的职业领域。

而对于很多刚入职场的小白们而言，可以从过往的实习经历或成长过程中的成就事件入手，寻找到优势的蛛丝马迹，通过后天设计，有意打造自己的优势。

比如，你在大学期间做过哪些事情受到夸奖或一致好评？你做过哪些兼职，有哪一份是你感觉得心应手的？

有很多咨询者常常抱怨说，他们感觉工作没有热情，即便一开始看似感兴趣的工作，做了一段时间也渐渐就没了热情。

这里需要澄清一个问题，那就是热情的背后，其实是需要自主感、能胜任和归属感的。

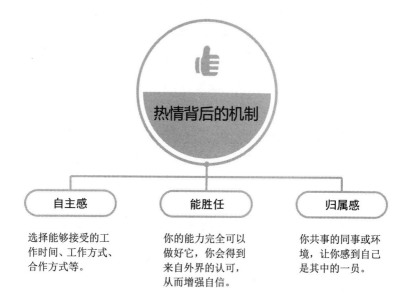

## 二、第二步：如何画这个圆

找到圆点之后的第二个要素，就是找到半径。

而这个半径，是指职业能力。

通常，我们所说的职业能力涵盖以下三方面的内容。

一是知识。它多是从书本得来的，特点是可迁移性差，只是代表"你知道什么"。

比如我们曾经学过历史、地理等学科，但工作多年之后，这些知识早已被你忘得一干二净，所以知识的特点是你曾经学过，但未必掌握。

你的学历、证书甚至后面的职称，都是知识层面。

二是技能。它是从实践中来的，特点是能够迁移，代表"你会什么"。

比如我有个同学是物理系专业毕业的，毕业之后到了机械厂做销售，大学学的物理知识能够帮助他理解一些专业术语，这样在给客户介绍产品的机械性能的时候，会显得比较专业。

但要做好销售，光知道这些参数指标就可以了吗？

远远不够。

他需要习练沟通能力、谈判协商能力，以及如何看人识人的能力，而这些能力，多数需要从实践中摸索而来。

你的工作经历、你在技能大赛中获得的名次、你曾经做过的职位，等等，都是这方面的证明。

三是品质。它多是你的特点与底线，决定了你最终能够成为谁。

比如有个咨询者是一名高校老师，特别肯钻研，也特别能吃苦耐劳，且道德感强烈，抄袭造假的事情不会去做。他在单位里不屑于评职称，这丝毫不影响他做好本职工作，成为一名受学生欢迎的老师。

### 职业生涯半径图

**1．知识是职业条件门槛**

你的学历、毕业院校、专业，决定了你能进入什么样的公司和平台。

**2．能力是用来拉开差距的**

你具备什么样的能力、能解决什么样的问题，将决定你的发展空间和晋升机会。

**3．品质与底线决定了你不会做什么**

成功有多个维度，可以在内心接受的范围内，寻求适合自己的发展途径。

但是他看着其他人升迁，内心难免焦虑。后来分析之后才发现，因为自己厌恶像他人一样论文抄袭，又不具备过硬的专业能力与素质，所以职称一直评不上。

对他而言，首先没必要违背内心，通过投机取巧的手段评上职称。其次如果继续加强专业能力，能写出原创论文发表更好，即便一时半会写不出来也无须否定自己。最后可以在本职工作中找到其他的意义，比如成为"最受学生欢迎的老师"，而未必一定要成为"职称最高的老师"。

所以，半径解决的是你能走到哪里、又能走多远的问题。

### 三、第三步：如何画大这个圆

想要画大这个圆，首先要稳固圆心，也就是坚定自己的职业信念，形成定见。

比如，前文提及的那位不屑于通过抄袭论文方式谋求职位升迁的老师，他需要做的是寻找自己的价值观，在进行确认之后，就不难形成定见，不会轻易受外界干扰。

通过层层筛查之后，原来，在这位老师的价值观排序里，利他主义、独立性、追求新意是他的核心价值观。

在他目前从事的职业里，很明显教书育人具备利他属性；至于上课的风格和形式，是他可以做主的部分，能发挥他的独立性；在追求新意层面，每一届的学生不同，所以他的教学会不断地进行调整，甚至需要做一些教学方法的创新与改进——这些都需要建立在丰富的教学经验上。随着口碑的扩散，哪怕他不评职称，也不妨碍他总结教学心得发表论文，同样可以成为学校里具有话语权的老师，说不定某一天，他就通过硬实力评上了职称，成为名副其实的教授。

其次要延长圆的半径。

在延展半径层面，一是增加深度，二是拓展宽度。

所谓深度，是指在现有领域里深耕细作，成为某方面的专家；所谓宽度，是指在组织外部扩大知名度，比如通过发表些作品、和行业其他人士多学习交流、不断提升见识与能力，很好地延展职业半径。

最后再匹配市场需求和认可度。

随着你的影响力越来越大，你会迎来更多的机会，也会吸引来更多优质的人脉，或许就能找到合适的事业机会，距离内心的成功越来越近。

　　总之，随着这个圆越画越大，你的职业会在一种自然状态下得到良性成长，职业生涯也会变得更加扎实与丰富。

**1．稳固圆心**

确认自己的价值观，形成职业定见，找到适合自己的职业目标。

**如何画大这个圆?**

**2．延展半径**

（1）在现有领域内深耕细作，成为某方面的专家；
（2）在组织外部扩大知名度，多增长见识，多分享，多交流。

**3．匹配市场需求和认可度**

找到更多资源链接，将价值进行延展，最终达成自我实现。

# 极简主义工作法

不知你有没有这样的感触，在今天的时代，各种选择渐渐多了起来，让人眼花缭乱。与此同时产生了一个问题，你会发现沉下心来做一件事越来越难了。于是，"极简主义"被很多人士推崇。

那么，极简主义工作法到底是怎么做的呢？又需要注意哪些方面呢？

本节在无数咨询案例的基础上总结了一些心得。从计划的制定、习惯的养成、职业目标和实用的工作方法三点展开，阐述这套工作方法，希望对你有所帮助。

## 一、关于计划的制定

在计划层面，很多职场朋友共同的困惑是，明明自己也制定了工作计划，也确实执行了，可为何总是收效甚微，甚至半途而废呢？

关于制定计划，Facebook创始人马克·扎克伯格的做法值得我们仔细体会和效仿。

据说每年新年伊始，扎克伯格都会给自己一个挑战。从2009年开始，他每年年初都会给自己设定一项任务，并且在Facebook公开这个计划，这个做法坚持了10年。

我们一起来回看他这10年的新年计划：

2009年，每天打领带上班；

2010年，学习中文；

2011年，只吃自己亲手屠宰的动物；

2012年，每天写代码；

2013年，每天要跟Facebook以外的人见面；

2014年，每天写一封感谢信；

2015年，每个月读两本书；

2016年，全年跑步365英里并且开发私人AI助手；

2017年，走遍并拜访美国的每一个州；

2018年，修复Facebook的重要问题。

不论是简单的每天打领带上班，还是复杂的拜访美国的每一个州，扎克伯格一旦制定计划，就会风雨无阻地执行。

从扎克伯格的案例中我们不难发现，一份好的计划到底满足哪些条件呢？

### 1. 越具体越明确越好

很多朋友在制定计划时，总想定一个"完美无缺"的计划，这个想法往往很耽误事儿。事实上，根据我的咨询经验，一个人越是耗费大量的精力和时间，企图制定完美的计划，往往效果越不好。这是因为"完美计划"本身自带一个缺陷，那就是变动性差。

所谓"计划赶不上变化"，一份缜密完美的计划往往有其无法克服的缺点，那就是你在制定计划的时候受制于当时的资源和条件。

而后期一旦资源和条件变了，就意味着这份计划可能无法顺利执行。而到了那个时候，你需要重新制定一份完美的计划，无疑又需要花费大量的时间和精力。

### 2. 以任务为导向，未必非要定死时间

有些朋友制定计划还停留在学生阶段，也就是制定所谓的"时间表"。这种方式在实践中经常被证明是无效的或者收效甚微。

学生时代我们有大把的时间，作息是很规律的，饮食起居更是有父母照顾，没有琐事干扰。

随着我们进入职场甚至结婚生子，你会发现时间再也不像读书时

那样富余了，这个时候我们必须调整策略，需要学会统筹安排时间。

而此时如果还继续沿用"时间表"，就显得不合时宜了。

例如，在这份时间表里，你规定自己早晨7点起床，晚上10点休息，中间固定时间阅读提升等。然而你会发现，也许头天你需要加班，结果第二天无法按时起床。这个时候一旦变化出现，时间安排被彻底打乱，你的内心就会打退堂鼓了："反正今天的时间安排被打乱了，算了，那就等到明天再说吧。"

而所谓"明日复明日，明日何其多？我生待明日，万事成蹉跎。"

就在这样的拖延中，你深感焦躁不安，一方面深深谴责自己，一方面陷入巨大的无力感中。

所以，在我看来，工作之后用时间表做计划的做法并不提倡。

我们可以参考扎克伯格的做法，给自己制定一项任务，至于何时去做，可以根据具体情况做出安排与调整。

例如，我计划再出一本新书。那么围绕这个目标，我可以利用睡前一小时的时间构思写作，利用做饭或者陪伴孩子做作业的时间进行阅读，等等。

### 3. 区分可控与不可控因素，将目标集中在可控层面上进行细化

很多咨询者咨询前都有一个固定的认知，那就是所谓职业目标，一定是自己做到了怎样的职位，达到了怎样的薪酬等。但实际上，我们需要区分可控与不可控因素。

为了说明上述方法，我们举个例子。

例如，有人把自己的职业目标制定为"三年做到部门主管"。

这个目标看起来很好，但实际上缺乏实质内容，因为"做到部门主管"这个结果的达成，需要个人能力和外在机遇相结合。

我们能掌控的是个人能力的提升，例如有意识提高自己的沟通能力，通过学习提升自己的领导能力。但至于能否遇见一位赏识自己的领导，能否有这样的机遇做到主管，则不是我们单方面能把控的。

我们努力的意义，就在于提高达成目标的概率。

所以，"三年做到部门主管"这个目标如果按照上述思路进行细化，则可以分解为以下计划：

（1）阅读30本沟通及心理学方面的书籍，学习人际沟通的知识和方法，搭建领导力的理论基础。

（2）多留意多观察，每天写一篇工作日记，发现部门内部问题并想出相应的解决方法，直至形成可行方案，积极和现任部门领导沟通，听取对方反馈。

（3）留意公司内部的岗位变动情况，如果遇到合适的岗位可以毛遂自荐；如果各方面能力具备而公司内部没有机会，则可以留意外部机会，寻找适合的平台。

如果一个人能将细化后的计划落到实处，则三年后做到主管的目标反而更容易达成。

通过上述分析，你是否发现扎格伯克计划的奥秘所在了？没错，你会发现他每年的计划都很简单具体，没有固定死时间，以任务为导向，每年只集中精力完成一件事，将之养成习惯。这无疑是一种聪明的做法。

## 二、关于习惯的养成

之所以强调这一点，是因为良好的习惯是抵御惰性的有效武器。

很多人的计划总是落空，他们总是在抱怨自己惰性太大、意志力不够。

但其实，我们的意志力本身就是有限的。一个人如果耗费意志力做一件事情，当意志力被消耗殆尽，自然会感到疲惫不堪。

这就像孩子上学时不去提高学习效率，而是"开夜车"苦熬一样，效果反而大打折扣。

我们可以用一个模型帮助建立起良好的习惯。

通常说来，习惯由三个要素构成，分别为触机、惯常行为与奖赏。

举个例子来说，你发现早晨的时间总是被消耗在了刷手机上，按照这个模型，刷手机这个习惯由以下三要素构成。

（1）触机：早晨睁眼醒来。

（2）惯常行为：伸手拿手机。

（3）奖励：获取热点新闻，有一种足不出户了解天下事的满足感。

那么，想要克服这一习惯，则不妨改变其中一个因素，例如将手机放在较远的位置，有意将网络关闭，或者设置定时开关机等。

对于计划，我们也可以借鉴这个模型。

想要养成一个良好的习惯，我们首先要给自己设定一个足够有吸引力的愿景（奖励），再从一个场景化的触发机制触发（触机），不断重复这个动作，直到将其变成你的无意识习惯为止。

例如前文里扎克伯格规定每天打领带上班，就是这个道理。

如果一个人想要形成读书的习惯，则可以这样来做。

（1）设置一个足够有吸引力的愿景（奖励）。

比如完成了多少本书的阅读，你就能在职场沟通中毫无障碍，未来充满诱惑的岗位和薪资在等着你，你将成为颇有威望的领导者。

（2）选择适合的场景（触机）。

周末，你可以丢下手机去图书馆泡上半天或一天，那个时候你的阅读速度和效果将明显提升。

（3）习惯的养成（惯常行为）。

不断重复这一动作，直到阅读成为像吃饭喝水一样无意识的习惯。

如此一来，阅读习惯就不难养成了。

## 三、关于职业目标和实用的工作方法

### 1. 职业目标的3个因素

在现代职场人身上，确立职业目标变得越来越难了。

随着时代的进步，我们对职业的诉求慢慢发生了转变。很多人做一份职业除去谋生的需求外，还期待这份职业能够是自己喜欢的，同时收入不菲。

然而，理想很丰满，现实很骨感。

从我经手的大量咨询案例来看，绝大多数人一开始并不能找到理想的工作。

因为理想的工作需要同时满足三个条件：你喜欢的、你擅长的、能赚钱的。

（1）喜欢但不擅长，注定做不长久。

人们常常认为，找到喜欢的工作就万事大吉了，其实现实远没有这么简单。

我们以学习为例。

在学生时代，我相信没有人生下来爱学习，但后来有些人是如何爱上学习的呢？

原因在于他们能学得好，这就涉及到了能力。

也就意味着，如果你只是喜欢而能力跟不上，这种喜欢充其量也不过是"三分钟热度"，无法长久持续下去。

想想看，你是不是喜欢过很多事，但坚持下来的很少呢？

这里面有没有一种情况是，一开始你怀揣着极高的热情，但后来做着做着，发现自己似乎做不好，于是你挫败感满满，又谈何坚持呢？

就像一个孩子开始对跳舞感兴趣，但是跳了一段之后，发现自己的肢体协调能力差，怎么也跳不好，在跳舞这件事情上无法获得成就感，有的只是糟糕的反馈，他如何能坚持下去呢？

所以，当你声称自己喜欢做一件事情的时候，不妨亲自实践一下，感受自己是否能做好，这比空想更有实际意义。

（2）擅长但不喜欢，可以慢慢培养。

如果你做一件事情比较轻松，也就是你在这方面擅长，尽管你不确定自己是否喜欢，也依然可以通过时间流逝慢慢喜欢。

在心理学中，有个东西很微妙，那就是我们喜欢的事情往往不是这件事本身，而是这件事当中那个风光无限、游刃有余的自己。

因此，如果你发现自己擅长一项工作，先不要急于下评判，再深入一下，可能会有不同的感受。

（3）既不擅长又不喜欢，建议尽快转行。

如果一份工作你既没有热情，又不擅长，只是为了眼前看似不错的收入，这种工作实则是一种消耗，将有损于你未来的职场竞争力。一旦公司发生变故或者行业衰落，你会发现自己除了之前的工作之外，再也没有其他能力了。

是不是很可怕？

那么，该如何确立职业目标呢？

如果你还处于寻找工作定位的阶段，我给你如下建议。

（1）列出一份清单，整理你的过往经历，看看自己在哪方面做得比较不错，这里面可能有你擅长的部分。

（2）匹配相关的工作，看哪些是你至少不讨厌且根据你的学历经历等恰恰能收到offer的，这里面很可能就是你的职业方向。

（3）不断提升自我，当能力提高时，你做事的感受大不相同，你会收获金钱之外的成就感。

**2. 一些实用方法及建议**

（1）愿景：愿景层面越具体越好，愿景越美好，越能帮助你找到动力。

（2）行动：学会屏除干扰，给自己独处时间，专注做事。

（3）习惯：坚持下来，形成习惯，会有意想不到的收获。

记住，万事开头难。如果你能够按照书中方法去实践去执行，相信你会比自己预想的走得更远。

# 第 2 章

避开陷阱，走出
迷茫

## 如何看清自己想要什么

是什么阻挡你看见自己想要什么？

很多人都会遇到一个共性问题，那就是，感觉目前的工作不是自己想要的，工作提不起精神，感受不到任何价值和意义，分分钟会在脑海中无数次闪现出想要离职的念头。

然而很快，这个念头又会被另外一个念头打压于无形中，那就是——

"我不知道自己想做什么，我没有目标，没有方向，除了在这里继续耗下去，似乎想不到更好的办法了。"

你是不是也经常碰到这样的困惑呢？

或者，你早已被这种困惑折磨了很多年，却一直没有找到满意的方向。

为什么越来越多的职场人，都会在这个"我不知道自己想做什么"的问题上败下阵来？

### 一、30岁了，你还不知道自己想做什么

几年前，当小倩头顶重点大学的光环踏入社会寻找职业生涯中的第一份工作时，她无论如何也不会想到，一份看似稳定有前景的数据统计工作，会将她的职业跑道彻底带偏。

那是一家在当地颇有名气的大型国有企业，在父母的眼中，它正规、稳定、有前景，是一家各方面都很不错的公司。的确，凭借着

二三十年来的发展与积累，这家企业确实在业界享有一定的名气。女儿一毕业就能进入这样的单位，父母脸上乐开了花儿，再三叮嘱小倩一定要好好把握机会，做出自己的成绩。

小倩对未来有着无限的憧憬：她给自己的规划是从数据统计做起，踏实工作，通过自己的努力，将来再挑起数据分析的重任，进而再调到财务部任职或晋升为数据中心的主任，独当一面。

因此，从踏入这家企业的第一天起，小倩处处留心，勤勤恳恳。然而不知为何，小倩看到数字就头疼，工作备感吃力；她成天提心吊胆，生怕自己把数字弄错，可越是害怕就越紧张，越紧张越容易犯错。

一年不到的时间，小倩就感到了满满的沮丧。

怎么办？是不是自己不适合这份工作？到底要不要辞职？

从此，小倩开始了内心的煎熬。

## 二、是什么在阻挡你看见自己想要什么

小倩的担忧和很多职场人如出一辙：如果辞职，几年的心血付诸东流，辛辛苦苦累积的人脉也可能就此断裂；如果留下来，未来还要花费数不清的时间面对一堆无感的数字。她知道自己的工作可能不会有任何起色，像是一潭死水，泛不起一丝涟漪。

她为此征求过很多人的意见。

父母长辈都劝她留下来："反正工作强度不大，只要做个差不多就行，每个月毕竟还有一份稳定的工资，何乐而不为？"

朋友的建议倒是让她尽快离开："反正到哪儿都是打工赚钱，既然这么痛苦，钱又不多，干吗不去找个适合自己的呢？"

横亘在小倩内心的障碍恰恰就在于，她不知道自己想做什么。

"辞职后我又能做什么呢？如果还做数据类的工作，岂不是又要从头做起？又要重复同样的痛苦？如果不做，自己又能做什么呢？"

不知道自己想做什么，是我听到的最多的自毁式预言。

这些"自毁式的说辞"包括——

（1）追求梦想就意味着要辞职，辞职还怎么生活？我做不到！

（2）我做什么都没有恒心，开始的时候明明很喜欢，可就是没有长久坚持的。

（3）我已有的成功来之不易，别人羡慕还来不及，我说不满意就能随便放手吗？

（4）我想要的那些东西是不对的/不现实的，是不可能得到理解和支持的。

（5）如果决定了自己要做什么，到头来发现卡在这里，岂不是很惨？

如果你仔细留意不难发现，现实中太多太多的人都在抱怨自己的工作，同时也不知道自己想做什么，大多敷衍了事。

长此以往，人们就会陷入一种怪圈，那就是无论做什么都不上心，而如果做不好，自然会越来越迷茫而无力。

事实上，任何事情的存在都有其原因与合理性，包括自毁式说辞。

找到问题的源头，才能发现真正的答案。

## 三、不知道自己想做什么，多数是因为你不敢

随着经手的职业咨询案例越来越多，我越来越笃信一点，那就是——

事实上，你知道自己想做什么，我们每个人都知道自己想要什么。

别惊讶，你真的知道。

但是想要揭晓这个问题的答案，需要一样至关重要的东西，勇气。

不是每个人都具有向内探寻的勇气，也不是每个人都敢于面对曾经不那么成功的自己。

## 1. 想要做回真正的自己，意味着可能背叛父母一生的期待

我渐渐发现，很多人之所以找不到自己想做的事情，是因为他们总是在自我耗竭中，在自我及他人的期待中拼命撕扯着自己，不知所措。

在咨询中，小倩不断地告诉我，她无法面对父母失望的眼神。

为了让父母开心，小倩从小就学会了察言观色。她将自己伪装成父母喜欢的样子，比如她明明不喜欢数字，却依然听从了父母的建议做起了和数字相关的工作，只因为这份工作能让父母感到安心和踏实。

这是一种选择。

然而当你选择承担起父母期待的同时，你必须放下对自己的一些期待：期待自己可以找一份喜欢的事情，期待自己有更多的事业机会，期待自己能有不同的生活。

从小到大，小倩喜欢的都是在父母眼中"不入流"的东西，比如唱歌跳舞。

还记得上小学那会儿，有一次音乐老师让小倩在新年晚会上担任领唱。当小倩兴冲冲跑回去告诉父母的时候，她的父亲却冷下脸来，对小倩语重心长地说了一番话。大意是，别忘了，你是穷人家的孩子，唱歌跳舞这些事情都是有钱人才能玩得起的，以后很难谋生，还是少出些风头，安分些好。

第二天小倩来到学校，红着眼睛告诉音乐老师说自己胆小怯场，自愿放弃这次领唱机会。

从那以后，原本爱唱歌跳舞的小倩像是变了一个人，她每天话很少，回到家就把自己关在房间里写作业，再也不提唱歌的事情了。

## 2. 想要做回真正的自己，必须放下内心的"应该"

有这么一个比喻，说的是我们往往不愿意认同自己真实的样子，就好像做完整容手术的人不愿意面对镜子一样。

因为我们小心翼翼地保留了太多的"应该"。

从小我们就被教育说，男人应该坚强，女人应该示弱，年轻人应该顺从，老人就该安分。

我们就像纸牌屋里的观众，被这些来自"社会"与"家庭"根深蒂固的价值观束缚。这些价值观的势力异常强大，让我们不敢"接纳"自己原来的样子。

在小倩的记忆里，她能想起的少有的欢乐时光，是大学期间在迪士尼游乐场实习的那段日子。

小倩说，当她用笑脸迎接每一个孩子，用耐心的话语解答家长的疑问，为他人做些举手之劳的帮助时，都感到由衷的快乐。

她曾经无比渴望能留下来工作。

"可是，我应该找一份像样的工作才是啊。我应该往高处攀登，我应该积极进取，我怎么可以安于现状，在这里做一名不起眼的服务生呢？"

就这样，小倩再次选择了无视内心的声音，向现实做了妥协，找了一份满足家人期待的"好工作"。

### 3. 不知道擅长什么的你，唯独擅长自我伤害

我告诉小倩，其实大部分情况下，别人给我们的建议都带有两个部分，一个叫"他建议我"，一个是"他期待我"。

在涉世未深时，我们会单纯地坚信别人的建议一定是毫无私心的"给我的建议"，却忘记了，其实这份"建议"的背后，还隐藏着"对我的期待"这件事情。

比如小倩的父母希望她能找一份稳定轻松的工作，里面包含了给她的建议——希望她有一份听起来稳定而体面的工作，能够早日结婚生子，希望有一个孩子带，让父母体会到成就感。

如果一个人足够成熟，他就会懂得一个事实，那就是，我们不可能同时满足自己和他人的要求。

而太多的人长期纠结于内心的渴望和他人的期望建议中，疲于奔

命，伤害了最好的那个朋友——自己。

当别人打着"为你好"的旗号伤害"你自己"这个朋友时，你不仅不让他躲开，反而按住你自己说："别还手，这是自己人！"

请不要忘了，你总有选择。

你可以选择收到他们的期待，满足他们；也可以选择收到期待，但不满足他们。

当然，你永远无法决定让他们不对你有所期待，因为这是他们的事。

### 四、从"想做"到"能做"，还要匹配动机

按照上述步骤，小倩列出了自己想做的几件事情。新的问题出现了，如何判断哪些是适合自己的呢？

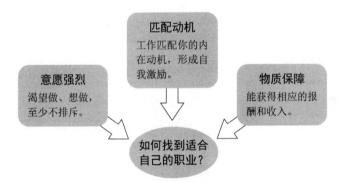

这也是困扰在很多人心头的困惑，那就是，好不容易找到了自己想做的事情，但如何判断这是不是自己可以做好并能有所发展的领域呢？

研究发现，每个人身上或多或少都存在这六个因子，但每一个因子的高低程度不同。

这六个因子及相关释义如下。

（1）理论导向。强调的是真理和知识，这类人群善于钻研，以追

求真理和知识为使命。科学家、研发人员就以这种人居多。

（2）实用导向。注重投资回报，这种人注重高效，拒绝任何时间和资源的浪费，渴望获得收益，超越他人。银行家、工程师往往以此类动机为主。

（3）唯美导向。强调美与和谐，这类人群注重个人感受及人生体验，喜欢欣赏和谐与美好。典型人群有设计师、艺术家、瑜伽教练等。

（4）社会导向。指向服务和助人，这类人群愿意帮助他人且不求回报。很多志愿者、护士、辅导员等都具有这类特质。

（5）个人导向。追求权力和认可，他们渴望拥有权力，领导他人，提高自身地位。政治家、运动员、董事长等都具有这类特质。

（6）传统导向。注重原则及信仰，这类人追求人生的价值和意义，重视社会结构与次序。很多革命家、文化传播者、军人等都具有很强的传统导向动机。

通常我们认为，在六个因子中排名最高的两个因子，就是你采取行动的主要驱动力。

如果一个人的工作能够和他的这两个激励因子相匹配的话，那么此人的潜能就能够充分发挥，就会形成职业的良性循环，最终越做越好。

如果工作与你的两个激励因子不匹配，即便你"想做"，但由于缺乏内在驱动力，你很难从内心获得成就感，因此也很难长久坚持。

比如，我遇到过一位男性咨询者，他本人追求知识和真理，也就是理论导向，对权力无感，但被很多励志鸡汤文所蛊惑，认为男人不做管理没有出息。正好当时领导有意提拔他做管理类职位，结果单位从此失去了一位好的专业技术人员，同时多了一名不称职的领导。

经过排查，小倩前两个激励因子为社会导向及传统导向。这也就进一步验证了她不适合数据分析类工作，因为后者更适合理论导向或实用导向的人。

渐渐地，小倩终于明确自己要做什么了。

她说服了父母，辞去了原来的工作，在一家亲子机构开始了新的工作。如今她每天都非常渴望上班，状态也比以前有了很大改观，工作渐渐步入了正轨。

我突然想起一段话，大意是，工作本身是无法让我们快乐的，真正能让我们产生快乐的，是"工作做得好"这件事。

而尽快找到自己想做的事情，无疑会让我们的职业步入良性发展轨道。

并且至关重要的是，这份决定权不在别处，恰恰是在我们自己手里。

# 02

### 选择也意味着舍弃

当90后独自一人开始面对生活时，才发现囊中羞涩到寸步难行。

近日，一则"90后每个月多少收入才算正常？"的话题引发了热议。在这个话题下，你会发现有月入3000元的，也有月入过万元的。

但不论多少收入，这些90后都有一个共同的感受，那就是"不管工资多少，都穷，都存不下来钱，都没有安全感。"

王尔德说道：年轻的时候我以为钱就是一切，现在老了才知道，确实如此。

有人说，其实不必等到老，只需要等到30岁，你就能知道。

而90后的这代人，也已经30岁左右了。

### 一、三线小城，月入3000元，仿佛一下子就能看到自己未来的样子

咨询者阿虎于2017年年初做了一个决定，毅然投入到火热的大上海，去追寻属于他自己的人生。

阿虎是2016年下半年前来咨询的，当时他在老家一个不起眼的三线城市，做着一份清闲到让你怀疑人生的工作，每个月到手的工资还不到3000元。

这是一个挺机灵的90后小伙子，当时他穿着一身运动装，手腕上却戴着一款精致的手表。

"我做梦都想戴一款属于自己的劳力士手表，"阿虎直言不讳：

"我非常向往商业杂志封面上那些成功人士的生活。"

这个心心念念想要劳力士手表的小伙子，毕业后却拗不过家人的安排，通过考试成为家门口一家事业单位的工作人员。

"生活无聊极了，每天上班看到那些老同事就能想到自己未来的模样，被磨平了棱角，每天做着毫无挑战性的工作；回家继续过着无聊的生活，打牌看电视打游戏，还要听老婆的抱怨。这种日子，想起来就可怕！"阿虎说。

"你有过什么愿望吗？"我问。

"有，"阿虎眼神定定地看着远方："我喜欢体育，喜欢竞技类运动或比赛，我不喜欢温吞地活。"

随着咨询的深入，阿虎的职业方向渐渐清晰了起来。

咨询结束阿虎告诉我，他下定了决心，要去大城市闯一闯。

## 二、努力奋斗，依旧在生存线上挣扎

阿虎花了很长时间才说服家人，一个人拖着行李来到了大上海。

他需要找个地方安顿下来。

几经打听，阿虎才发现，在这座大城市里，交通便利的地方就不要想了，房租你根本承受不起；只能在一个相对偏僻的地方租了一间房，还是和其他人平摊房租，就这样，一个月都要两三千元。

更别提动辄50元以上的外卖、20元起价的一杯果汁了。阿虎发现，在这座繁华的都市里，一切都在撩拨你那根脆弱的神经，那就是，你需要钱。

阿虎丝毫不敢懈怠，很快就投入到找工作的大潮中，因为他清楚，自己兜里揣着在老家工作时积攒的为数不多的积蓄，在这里恐怕还熬不过一个月。

阿虎找到了一家刚起步的体育类新媒体公司，他摩拳擦掌，打算好好干一场。

虽然起薪只有5000元，但阿虎觉得，自己在这一领域毕竟是新手，还不到讨价还价的时候，先做着再说。

没多久阿虎发现，这种工资水平只能保证自己不被饿死，不至于流落街头被冻死，而至于什么美好的未来，阿虎心里没有一点儿底。

算算看，每个月的房租2000元，每天都要挤地铁上下班，一个月的交通费、生活费少说也要2000元。这么一来，每个月能省下500元寄给父母，就已经万分难得了。

偶尔，阿虎也会想起曾经在老家的那段时光，那个时候他的工资3000元，但是住在家里，没有住宿费，基本上衣来伸手饭来张口。虽然拿着3000元感觉有点少，但基本上生活过得还是很滋润的——每个月有2000元交给父母保管，剩下1000元是自己的零花钱。

而到了上海，阿虎赫然发现，自己虽然表面上看起来月入5000元，实际上就是一个挣扎在生存线上的穷鬼。

不过幸运的是，经过一年的积累，公司步入了正轨，阿虎的工资也由最初的5000元涨到了1万元，总算实现了"月入过万"的小目标。

### 三、月入过万，不能病，不敢爱

前不久，阿虎和我们进行了职业反馈，同时也欣然接受了我的视频访谈邀请。

诚然，现在阿虎的工资比刚来上海时翻了一番，但工作内容、强度及难度更是不可同日而语。

"在这一领域，你会发现拼搏是每个人的标配，但拼搏并不表示你就能做好。最难的就是两个字，网感。"阿虎说。

在旁观者看来，新媒体领域无疑是个奇迹的诞生地，每天都会涌现出无数的网红，上演无数场命运的逆袭，让人目不暇接。

"确实有人很强悍，"阿虎无奈地摇着头："但我知道的是，其实这个圈子里的很多人都在打肿脸充胖子。"

我问阿虎："如果经过努力，你发现自己到了30岁还无法在这个大城市立足，你会回老家吗？"

阿虎淡淡地笑了笑："晓璃老师，实不相瞒，这个问题我早就问过自己无数回。我现在能告诉你的实话就是，大概有80%以上的可能性就是，我无法在这个城市立足下来。"

我看着视频里的阿虎，和一年多前咨询时那个壮志未酬、意气风发的样子比起来，他不经意间竟然有了一丝沧桑感。

"晓璃老师，如果有一天我告诉你，我来大城市打拼一遭，终于认识到自己的渺小和无力，这算不算别样的收获和提升？"说这话的时候，阿虎的眼里闪现出星点泪光。

那个口口声声说想要一款劳力士表的男孩终于还是不见了。

"尘归尘土归土，我来自三线小城，实在混不下去就回去，那时好歹我也有了些资本。比如我现在每个月可以给我妈寄5000元，反正在我妈那里也是她帮我存着，放我这儿肯定花得一干二净。等我回去的时候，怎么着也能有些储蓄，大不了自己注册一个新媒体公司自己玩儿，毕竟这几年的经验不能就这样打水漂了。或者我可以选择继续在这里打拼，如果真遇到了合意的姑娘，两个人有可能就在这里安家。实在不行就回老家，但那个时候我可以自豪地对我儿子说，想当年你老爸我好歹也算是个闯荡过江湖见过世面的人。"

我听着阿虎说自己，就好像在说一个和他无关的人。

"到时候你父母会理解你吗？"我问。

"理解对他们来说是个挑战，"阿虎说："毕竟两个老人从来没有迈出家门一步，他们也在好奇我在做什么工作。我就说我专门发朋友圈赚钱的，他们还挺为我自豪的，说儿子出息了，发发朋友圈就能一个月赚1万。"

"不要求他们理解，"阿虎的眼眶突然红了："只希望他们能永远这样懵懂无知地快乐下去。"

有很多90后咨询者问我："晓璃老师，你说怎样的选择才是最好的？怎样的选择才是最不走弯路的？"

在参与并见证了阿虎们这一路的辛酸坎坷之后，我想说，很多时候啊，选择这件事就意味着你必须舍弃才能获得。

与其奢望获得，倒不如思量自己能否承受这样的舍弃。

如果你能和阿虎一样想通一件事情，那就是"最坏不过如此了，再怎样都不会比现在更差了"，那么不论你怎么走，都是在往好的方向走，不是吗？

正如一首歌的歌词写的那样——

"在必须感觉我们终将一无所有前，你做的，可以让你说，是的，我有见过我的梦。"

# 03

## 迷茫是人生的一个阶段，重要的是迅速走出来

成功的人生并不是在行动之前就知道自己想做什么，恰恰相反，只有行动、实践、质疑、再次行动，你才能发现自己是谁。

2017年，一篇《一个月就辞职：一个北大女生的求职悲欢》的文章在我们职业规划咨询师行业交流群中被热议不断。文章长达17000多字，讲述的是一个北京大学经济学毕业的硕士先是签约了令人羡慕的某银行总行，入职一个月后却跳槽的事情。

表面上看起来，这位女生的悲欢似乎更多的是"幸福的烦恼"：

北大硕士毕业，毕业论文也获得了优秀，在腾讯实习两个月，据说在内部BBS上算是"网红"，留在鹅厂的可能性非常大，只因为男友在网易杭州公司工作，她最终还是选择离开了腾讯；

经过辛苦的校招和一系列面试，最终她进入了浙江银行的总部，但很快她发现自己并不喜欢银行工作，还是心系互联网行业，最终做出了"入职一个月就跳槽"的决定；

故事以大团圆暂告一个段落，这个女生最终要去网易上班了。在西湖边，她发现自己早已心如止水，自己仿佛爱上了这座城市。

后来，围绕这个事件出现了一系列文章，很多作者站在"过来人"的立场上，对这个姑娘指摘评论，说什么年轻人对工作不能如此儿戏，应该尽快确立自己的职业目标，想清楚自己到底想要什么，等等。

事实上，我自己就是从20多岁的时候走过来的，而那个时候的

我，遇到的困惑和迷茫一点儿也不比今天的年轻人少。

## 一、谁的青春不迷茫

2017年下半年，我开启了前所未有的忙碌模式。

每周有两天要在一所高校代课、一天集中接待咨询者、两天要写出每周三篇的原创推送内容、双休日还要忙着充电学习。这还不包括我每晚的网络咨询、辅导孩子课业、撰写咨询报告、研发新的职场课程等一系列生活及工作的安排，以及时不时会受邀参加线下职业规划及相关读书分享等活动。

在不同的场合、不同的时间，我都会被问及一个相同的问题，那就是——

"老师，我很迷茫，不知道自己想要什么，您能给我一点人生建议吗？"

也许在很多人眼里，我似乎是一个目标感很强的人，从传统企业的财务经理转行会计培训、再到今天的职业规划咨询师及职场作家等多重身份，仿佛我一路走来，都始终知道自己想要什么。

其实我想要告诉你的是，如果时光倒流到15年前，我当年的困惑与迷茫一点不比你的少。

18岁，我在高考时发挥失误，政治满分150分只考了80分，与理想的大学失之交臂，只好去了一所211非985的工科大学，专业是母亲给我选的，并且是我之前想也没有想过的会计学；

21岁，我大三，考研失败之后，我并没有投入到校招中，而是奔波于外面的社招，试图寻找一份非会计的工作。我曾经面试过IT企业的程序员、广告公司的文案策划、某研究所的办公室主任、甚至一家不知名企业的文员工作等，那个时候的我压根不知道自己要做什么、喜欢什么或擅长什么；

22岁，我刚刚开始工作，面对校园与职场的巨大差异，我紧张而忐忑，不知道该如何自处；

27岁，我成为一家公司的财务经理，获得了他人眼里艳羡的职位，活成了父母眼里期待的样子，但不知为何，我并不快乐；

32岁，我的孩子刚上幼儿园，我做出了一个大胆的决定，就是放弃企业里的财务职业生涯，转行做起了培训，业余时间辛勤写作，成为专栏作者；

35岁，我出版了两本职场书籍；

36岁，我开创了自己的线下咨询工作室，出版了一本职业规划案例集，成为集会计老师、职业规划咨询师、职场作家等多重身份于一体的不折不扣的"斜杠中年"……

我依然记得，在决定辞职创业之初，我站在车水马龙的十字路口，望着来来往往、行色匆匆的行人，我曾怀疑自己的这个选择究竟是对还是错。

## 二、20多岁，不清楚自己想要什么太正常不过了

我和很多人一样，出身于一个再普通不过的家庭。父母白手起家，父亲在外忙于工作打拼，母亲在家，打理家务顺便做些活计贴补家用。

我10岁那年，因为父亲工作调动的关系，才从偏远的山区来到了城市。

是的，从小到大，我只知道努力学习，因为高考是我们这些穷人家的孩子改变命运为数不多的机会，我的父母更是不允许我的成长过程出一丝差错。

我曾经喜欢唱歌，但他们说我五音不全而就此作罢；

我曾经想学画画，但父亲说画画很难有出路，除非有天赋以及殷实的家庭背景，好好学习才是正道；

我曾经想让父母给我报个舞蹈班，但他们说我身体协调性差，天生不是跳舞的料……

上学、放学、学习、做题，成为我学生时代的唯一旋律。

直到我考上了市重点高中，才发现自己和班里同学的差距，是整整好几十条街。

他们当中有些人很早就有了一个清晰明了的人生目标和奋斗方向。

我的同桌M，从小就在绘画、几何等方面表现出惊人的天赋和才能，她的职业目标是成为一名建筑设计师；

坐在我前面的大眼美女W，特别喜欢语文，在作文方面更是受到老师的青睐，她的目标就是考取复旦大学中文系，为中文的推广和传播尽一份力量，让更多的人感到中国文字的美；

我右手边的同学X，特别喜欢英文，她的父亲是南大的一名教授，她的目标就是考取南大英文系，今后能在*China Daily*这样的单位工作……

这些人无疑是幸运且幸福的，但是绝大部分人都不清楚自己想要什么，包括当年的我。

无比焦虑之下，我曾向一位年长的职场前辈倾诉过我的迷茫。他说了一句：

"你才20出头，凭什么逼迫自己立刻知道自己想做什么？"

回想过去的14个年头，我不禁感慨岁月蹉跎，这一路走来，我更是在不断地调整人生方向，我所有的成长都是基于过去经历的煎熬、走过的弯路、犯过的错误甚至这段不尽如人意的人生。

或许，正如英国管理大师查尔斯·汉迪在《思想者》里说的那样——

"成功的人生并不是在行动之前就知道自己想做什么，恰恰相反，只有行动、实践、质疑、再次行动，你才能发现自己是谁。"

## 三、比起沉浸过去，人更重要的是活在未来

在前不久结束的职业定位的微课里，我曾经和大家分享过一个十分重要的观点："在进行人生决策时，别看沉没成本。"

什么是沉没成本？

就是指由于过去的决策已经发生了的、而不能由现在或将来的任何决策所改变的成本。

有很多人会问我："老师，你做了十来年的企业财务，说放弃就放弃，难道你不感到可惜吗？"

其实在当初决定转行的时候，我已经把这个问题翻来覆去想了很久，但最终我发现，一个人如果真的想要改变，就不能沉浸在过去无法自拔，而应该放眼未来，只有如此改变才能真正发生。

要知道，32岁决定转行，遭遇到的阻力可能比年轻人要多得多，我需要抚平父母的恐慌与焦虑、需要承担家庭的责任、需要进行转行的准备，等等，但是这一切，在我问自己一个问题的时候，答案就已浮出水面。

这个问题就是："如果不做出这个改变，我会后悔吗？"

如果答案是肯定的，既然生命无法重来，那为什么不去改变？

在现实中，有太多的人被"沉没成本"所纠缠，迟迟不肯迈出关键性的第一步，比如：

"要是分手了，我之前的付出不就白费了吗？"

"我学了四年的专业，如果没找到对口的工作，四年不就白学了吗？"

"我都做到主管了，如果转行的话，之前的努力不就白费了吗？"

但是我只想告诉你四个字，功不唐捐。

我今天能洋洋洒洒写下这些文字，都和我之前所经历的痛苦密不可分，没有之前的纠结、迷茫和痛苦，就不可能有今天敏锐的感触，更不可能对每位咨询者怀揣深刻的共情与理解。

这个时候我发现，原来我之前所有的经历都是可以串起来的，十来年的财务工作经历养成了我清晰严谨的逻辑思维和分析能力，4年的培训及辅导学员的经历让我懂得如何调动受众的情绪和积极性、如何抓住对方的核心诉求点、如何通过反馈有效地改善自己的不足，等等。

正如有句话说的那样，这个世界上太多的人擅长在功成名就之后谈论"后见之明"。

只有我们回头看的时候，才会发现过去点点滴滴的微妙联系，生命的轨迹才会逐渐凸显。这种东西绝对不是一开始你就能知道的，即便你有未卜先知的预见性，在你没有走完该走的路之前，也无法形成你的生命轨迹。

## 四、每个人的成功不尽相同，但终归有迹可循

在心理学著作《少有人走的路》中，有这么一句话——

"自律人生所延迟的满足感，意味着不贪图暂时的安逸，而是重新设置了人生欢乐与痛苦的次序。"

要说今天的我看似实现了很多人眼中的"自由梦想"，但如果缺乏高度的自律，很容易就此堕落，停滞不前。

因为人身上的惰性力量实在太强大！

所以，不论你今后有多么崇高的凌云壮志，或者你也渴望达到所谓的财务自由梦想，我想告诉你的是，如果说每个人的成功不可复制，但自律这件事情，是贯穿于你我整个人生至关重要的课题。

唯有自律，才能让你忍受长时间的重复枯燥以及高强度的辛劳。

以写作为例。

在我从写作爱好者变成专栏作者之后，我渐渐发现，作为职业写手最核心最重要的素质，在于持续及稳定的输出。

要知道，一周写一篇文章似乎并不难，但如果坚持半年时间每周写一篇文章呢？如果把时间线再延长，坚持三五年甚至十年八年呢？

因为职业规划咨询师的身份，我访谈过很多成功的职场人士，毫无例外，他们都是自律方面的表率和楷模。

有一位500强企业的人事总监告诉我，他每年都有20多天的带薪假期，但在最初的10年，他几乎没有享受过年假待遇。不是公司不

让他享受，而是他为了让其他同事能够享受带薪假期，甘愿替他们代班。

结果他发现，自己每代班一次，都会让领导和同事对他的信任更上一层楼。更关键的是，他对整个公司的业务有了全新的理解和认识，在面临重大任务的时候，能够考虑到各个精细的部分和环节，成长速度超出他人的想象。

要知道，任何伟大事业的成功，都不是一鸣惊人和短期内爆发的结果，而是持之以恒自律坚持的产物。

几天前，一位媒体朋友对我进行专访的时候问我："如果只给你一句话，你最想对20多岁的年轻朋友说些什么？"

我想了想，给了他这样的回答："不要恐慌不要害怕，比选择更重要的，是每天进步一点点并养成自律的习惯，长此以往，你一定会到达之前不敢想象的远方。"

**避开频繁跳槽的"职业旋涡"**

不知你是否有这样的感受，到了30岁，突然会感到莫名的恐慌。

诚如一位咨询者感慨的那样，如果说年轻是上帝给予每个人犯错的资本，你尚有时间去弥补；而你一旦跨入30岁，这种资本和优势将逐渐离你远去。

对于很多30岁上下在职场中打拼奋斗的朋友而言，到了这个阶段，你的压力无疑是成倍增长的。但如果你在职场中的成长无法实现成倍增长，那就意味着某种程度上的倒退，也就注定了你今后的职业发展会面临更大的压力乃至危机。

而工资，无疑是个人职场成长的外化进度条。

如果你赫然发现，你过了职场中的第一个8年，月薪依然和20多岁的年轻人相差无几，或许你真的应该慎重审视你的职场之路，并不断思考这样一个问题——该如何在30岁确立明确的目标，并利用下一个8年的时间去拼命追赶？

如果你错失了22 ~ 30岁这第一个8年，留给你的时间也只剩下30 ~ 38岁这唯一的8年。

这可能是你在职场成长中最后的时机。

### 一、小雨的故事

如果大家平时对职场稍微留意一些就不难发现，但凡在职场中做得比较成功的人，大多是在一个岗位或者行业里做了5年、8年、10年甚至更长时间的人,你可以看看你所在的公司,那些中高管理阶层(比如销售总监、财务总监、人事总监等),他们的年薪拿到几十万并不少见,因为他们在这个领域里研究了几十年。

俗话说,三百六十行,行行出状元。

每一个行业、每一个岗位,都有它自身的规律,都有一些值得你去琢磨的东西,也都能产生顶尖的专业人才。

比如在销售领域,如果你真能如销售大王乔·吉拉德那般做到行业顶尖的位置,放在今天,随便去一家网络平台开销售课程也容易成功。

问题在于,道理似乎都懂,可放在不同的人身上,会出现千差万别的结局。

小雨找到我的时候,正好处在30岁上下这么一个尴尬的年龄,或者确切说来,并不是年龄本身的尴尬,而是她的履历和积累与同龄人相去甚远。

小雨大学所学的专业是旅游管理,毕业后在一家旅行社做了一段时间导游之后,感到力不从心。她觉得自己不适合天天在外面奔波劳碌,更希望能在写字楼里,穿着光鲜亮丽的衣服,做一份体面的工作。

几经波折,在家人的安排下,她去了一家大的物流公司做起了行政文员。

这家物流公司主要做海外运输业务,绝大多数同事都是外语或翻译相关专业科班出身,具有良好的外语沟通能力,而小雨的外语水平很差,工作中常常犯错。考虑到日后有个一技之长,小雨发现自己对作图很感兴趣,就果断辞去了这份工作,脱产学了半年的美术设计,转行做了网页设计师,中断了文员的职业生涯。

做了几年网页设计师之后,正好赶上结婚装修新房,而小雨也厌倦了设计工作,再次选择了辞职。等完成结婚大事之后,她陷入了迷茫与焦灼,不知道未来在何方。

身边的同学，有些一毕业就从事一个行业的，经过8年的积累，都是主管了，而自己却一直游走在职场的最底层，收入也没有任何增长。小雨陷入了莫大的焦虑与痛苦中。

## 二、你以为的奋斗，或许只是挣扎

小雨的故事只是千百万30岁职场人的缩影。同样是30岁，为什么有的人收入节节攀升，而有的人收入却停滞不前？

### 1. 奋斗与挣扎，有什么不同

作者彼得·圣吉在《第五项修炼》中描述过自己的一段亲身经历。

有一年冬天，彼得在一个景点游玩，一位游客在观赏瀑布的时候不慎落水，之后他拼命往岸边游，但不幸的是他深陷一个旋涡中，不论他如何游，都摆脱不了旋涡的巨大力量。因为水很凉，挣扎耗掉了他大量体力，大约半小时后，终于力竭而亡。尸体沉入水底，不到一分钟的时间，尸体就浮上了水面，被水流冲到了岸边。

彼得目睹了这一惨景之后，不由感慨道："这个人在生命最后半小时用尽所有精力想做而做不到的事情，在他死后不到一分钟就轻易做到了。"

何为挣扎？

你看起来很努力，甚至比其他人还努力，并且一度达到了"拼命"的境地，然而很不幸，你并不清楚自己的优劣势以及周围的环境，只是一味地将自己拥有的资源与能量拿来"应急"，却不知方向在哪里。

而奋斗则不同，它建立在对自我及外在环境客观认知的基础上，从一开始就有一个目标，虽然不能保证直达，但只要大方向正确，只要积累和坚持，最终就能达成目标。

来看小雨的案例，我们不难发现，从一开始的导游工作，到后来的行政文员工作，乃至设计工作，小雨总是在职业出现困难之后，选择逃离，每次选择都是"始于兴趣、陷于琐碎、终于困难"，如此反复，周而复始。

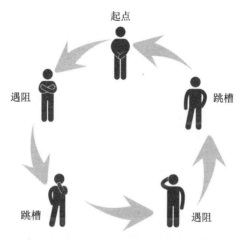

**职业生涯的"旋涡"**

从一般规律来看，职场新人新入一家公司，基本上需要半年时间才能熟悉情况，一年左右才能入门，两年左右才能入行，三年以上才能有效积累工作经验——这就像任何运动一样，必须达到那个点才能开始真正燃脂。

如果你每份工作三年不到就跳槽，意味着你根本不可能接触到最核心的业务，也谈不上真正的经验了。你的每次经验，只代表着"你路过"，仅此而已。

**2. 目标的丧失，是你失败的根源**

小雨一听，顿时感到危机重重，对于她而言，下一步又该从何起步，才能确保自己不再犯过去的错误呢？

（1）做你适合的事

通过梳理小雨过去的职场经历不难发现，小雨上大学时之所以选择旅游专业，是因为她认为自己性格内向，想通过专业及职业弥补自己性格的不足。

这是一个非常严重的误区。

在职业选择方面，最怕无视自身情况，选择一个不适合自己的专业/职业。一旦你选择了不适合自己的职业，将注定花费很大的气力，往往事倍功半。

每个人都有优缺点，一味试图弥补自己的缺点，只能将自己变得越来越平庸；唯有认识并发挥自己的优势，经过时间的累积，才可能出类拔萃。

小雨最终发现，旅游行业不适合自己，果断全身而退，这一步没有问题。

（2）做你能胜任的事

为何你的工作缺乏热情？

就好像小雨转行行政文员这步棋，是家人动用了人脉才找到的工作机会。那家物流公司在业内口碑很不错，然而在那里待了两年，小雨认识到自己的专业劣势以及后天的能力劣势，在工作中常常收到负面反馈，久而久之，自然就没有努力的动力了。

一份工作能给你带来成就感至关重要，毕竟我们在职场中，并不是闭门造车，我们所做的每一份工作都需要得到领导及同事的反馈，接受一定的考核。

在开始一份职业之前，你需要详细了解这份职业的具体工作内容，评估这些工作需要哪些能力，哪些是你能胜任的，哪些是你不能胜任的。

如果一份工作的多数内容是你无法胜任且不愿提升的，即便再热门、再赚钱也和你无缘。

这就是小雨第二份物流公司工作的状况。因为这家物流公司做的是对外运输，所以即便最基层的行政文员岗位，对外语的要求也非常高，而小雨从小就对外语不感兴趣，也没有意愿在这方面努力，只是看到看似光鲜体面的工作和舒适的环境，苦撑了两年，终于还是转行做了设计师。

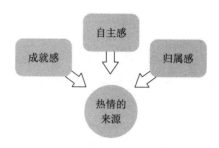

### 三、做事之外，别忘了做人的修炼

小雨通过自己的努力学习了美术设计并找到了设计类工作，这是在她前面的职业生涯中可圈可点的一笔，是她自己的选择。更为重要的是，在前两次失败之后，她察觉到自己可能是个内向但对结构色彩颇具天赋的人，于是选择了网页设计的工作。

在这份工作中，倒不是小雨的专业能力出了问题，而是她在做人方面存在很大的缺陷。

1. 人际关系处理能力

我们在职场中不可能孤军作战，你与上司的关系、你与同事的关系，不仅决定了你的归属感，还决定了你在职场中能否升迁。

要知道，在职场中，如果想要发展，一是少不了上司的帮助与提携，二是缺不了同事的支持与协作。

人际关系是每个职场人绕不过去的一个坎，如果一个人在职场中常常被孤立、被边缘化，这是一个值得警惕的信号，需要仔细反省自身，寻找问题的根源。

2. 自我驱动能力

三十岁了，你不可能再像个孩子那样——领导夸你你就来劲，领导让你做你就做，不让你做你根本就不去想了。

你需要给自己制定学习计划与目标。

在一份职业中，你必然会遭遇这个职业的艰难、琐碎与枯燥，但如果你给自己制定一个方向与目标，就不至于目光短视，深陷眼前的困扰难以自拔。

我问小雨，除了那半年的脱产学习外，可曾在这几年的工作中进行过培训、进修或者其他形式的充电？得到的回答是，没有。

这种现象在职场中比比皆是。

关于学习和成长，你不妨从这几个问题入手：

相比于去年，我的工作新增了哪些内容与挑战？我是否通过努力克服了它？

不论理论还是实践方面，我对这份职业有没有新的认知？有没有自己的体会与心得？

我是否能够独当一面开展工作？目前制约我的主要是哪方面的工作内容？我可以调动哪些资源、通过哪些努力跨越这部分障碍？

任何职业都能出顶尖的人才，就像每一块土地都能长出根深叶茂的大树一般。

每个人在职场中都像一棵树，你的根扎得有多深，你的枝叶就有多繁茂，你就能长多高——

深度决定高度。

### 3. 高度职业化精神

我曾经访谈过一名上市公司的销售总监，公司的其他人告诉我，这个销售总监在还是销售主管的时候，每天都能准点上班，风雨无阻。

有一天下大雪，为了不耽误正常上班，这位销售主管提前一个小时出发，准点到达公司。后来公司领导看雪下得实在太大了，很多员工都赶不过来，就临时下令放假一天。当时很多没来的同事都觉得自己很聪明，有人也替这位主管感到不值，说你一大早赶过来，没想到白来一趟了。

这位主管倒显得云淡风轻，说了句："没什么，能否准时到达是我的问题，是否上班是领导的决定，我做到我该做的就足够了。"

就是这位销售主管，后来在集团以勤勉、谦恭、有担当著称。多年之后，被提拔为销售总监，随着公司的发展，手下的销售队伍越来越壮大，他的领导能力也得到了显著的提升，受到公司上下的一致好评与肯定。

身在职场，多数人的需求无非两点，一是回报，二是成长。

如果这份职业选择是你自己做出的，并且也符合你的个性特点，在没有明确的目标前，将这件事情做到极致，如此，你的资源和能力越来越多，终将成为职场的强者。

电影《肖申克的救赎》里有一句话——

"怯懦囚禁人的灵魂，希望可以感受自由，强者自救。"

愿30岁的你，终能通过苦难的洗礼，成长为一名强者。

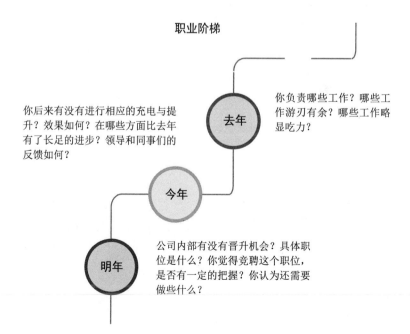

**职业阶梯**

你后来有没有进行相应的充电与提升？效果如何？在哪些方面比去年有了长足的进步？领导和同事们的反馈如何？

**去年**

你负责哪些工作？哪些工作游刃有余？哪些工作略显吃力？

**今年**

**明年**

公司内部有没有晋升机会？具体职位是什么？你觉得竞聘这个职位，是否有一定的把握？你认为还需要做些什么？

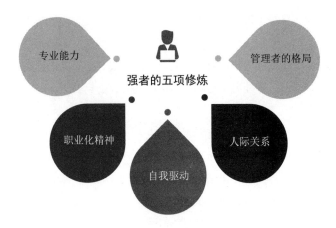

# 第 3 章

## 找到自己的优势

# 选择和努力哪个更重要

不要把你的能力变成一片杂乱无章的草~

## 一、笃信"选择大于努力"，注定做不好选择

咨询者孙玲即将步入不惑之年，但是按照她的话来说，这些年的困惑反而随着年龄的增长越来越多了。

当我翻看她的职业经历时，不禁倒吸一口凉气。

十五年前，孙玲毕业于国内一所师范类院校中文系，那个时候就业压力不像今天这般激烈，孙玲很快找到了一所中学，做起了语文老师。

不到五年的时间，孙玲渐渐开始厌倦了这份工作，眼看着身边去企业打拼的同学们一个个混得风生水起，自己只是一名微不足道的中学语文老师，内心总有一股说不出来的惆怅。

"玲，想当年你在我们班里怎么也算是个学霸啊，你要是出来干，我们这些人还不得喝西北风啊？"在一次同学聚会上，大学室友阿芳说了这么一句话，很多同学纷纷点头附和。

孙玲再也按捺不住了，向学校递交了辞职报告。

出了校门后孙玲暗暗发誓，这次一定要好好选择，今后要让这些同学对她刮目相看。

听说房地产行业很火，孙玲决定去房地产行业大展拳脚。

经过一番波折，正好有家刚成立不久的房地产企业缺人，愿意给她一次机会。

然而现实很快击碎了孙玲的期望。

首先她看到数据就头疼，而这份工作需要她每天阅读大量的经济、政策、政治等方面的报道，特别是需要对本地楼盘广告等信息进行搜集，让她备感吃力；其次是撰写项目宣传资料，那股"浓浓的商业气息"让孙玲打心眼里讨厌；最后，她还要和形形色色的人打交道，在和他人发生过几次冲突之后，她的境遇越来越尴尬了。

不到一年的时间，孙玲就被公司劝退了。

几经辗转，孙玲找到一家没有名气的私立学校，连起码的社保等基础保障都没有，还动不动用各种考核标准克扣老师的工资，孙玲感觉精疲力尽。

后来孙玲又尝试过各种职业，但都是无疾而终。

按照孙玲当年的观点——"选择比努力重要"，她做出了自己的选择，为何还一无所成呢？

因为，没有能力支撑的选择不过是空中楼阁，禁不起现实的考量和评判。

## 二、不是所有的选择，都能称之为"选择"

我们先来看一张选择四象限图。

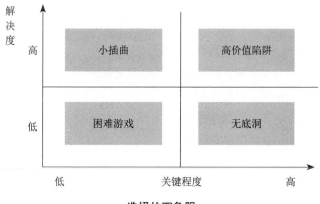

**选择的四象限**

根据一份选择的解决度和关键度进行区分，我们将选择问题区分为四个维度。

（1）解决度高、关键程度低（不重要且很容易解决）的选择，被称为"小插曲"。

这类选择问题充其量只是小插曲，适合速战速决。

比如，关于早晨吃包子还是吃油条的问题，在你兜里有钱的前提下，是很容易解决的，同时，这个问题本身并不重要，所以，这类选择不值得你花费精力和时间，完全可以凭心情随便决定。

（2）解决度高、关键程度高（很重要也能够解决）的选择，被称为"高价值陷阱"。

这类选择都是你的能力能够达到的，同时对你很重要，值得花时间仔细思考。

比如，对一名学霸而言，他在毕业时同时收到了好几所名牌大学的录取通知书，至于选清华大学还是读香港的大学，这是他需要花点时间仔细思考的问题。

（3）解决度低、关键程度低（以你目前的能力无法解决且不重要）的选择，被称为"困难游戏"。

对很多人而言，"后悔药"就属于此类问题。

前文的孙玲在咨询过程中一再懊恼地说"如果当时不从学校辞职就好了"，事实上，这件事情已经发生了，无法改变，同时对于今天的决策来说，这个问题没那么重要。

有些人总是沉溺于过去无法自拔，就是陷入了"困难游戏"而不自知，白白耗费了大量时间和精力。

（4）解决度低、关键程度高（以你目前的能力无法解决但很重要）的选择，被称为"无底洞"。

现实中，绝大多数人都会被这种选择困扰，而事实上，你若仔细分析不难发现，这种选择压根不存在。

比如，一个刚上高中的孩子天天担忧今后到底上清华还是上北大，就属于这种困扰。

事实上，对这个孩子来说，最主要的任务是努力学习，等到有了一定的成绩优势之后，这类问题才变得有意义，否则就是"空想"。

就像孙玲，她第一步转型的时候虽然选了热门行业，但由于她的商业思维、沟通能力、数据分析能力等压根没有在前一份工作中得以锻炼和积累，就妄想通过转行达到人生巅峰，不受挫才怪！

想想看，你是不是也经常陷入这种"无底洞"呢？

### 三、努力才是选择的基础

斯坦福大学企管研究所创意与创新行销课程教授、社会心理研究专家、被称为"硅谷最有创意的人"和"现代选择学之父"的迈克尔·雷在其畅销书《成功是道选择题》中明确写道：

"许多人获得了财富、荣誉，但内心却越来越痛苦，觉得生活缺乏意义，其根源就是最初的选择出了问题。

努力不达标时就用浅薄的脑子'深思熟虑'做出选择，'一条路走到黑'才觉得自己错了，太晚了。"

迈克尔教授告诉读者，做出正确的选择需要步步为营，只有足够的人生积累，才能选择正确的道路。

正如"选择四象限图"揭示的那样，你只有在能力、眼界、学识等都达到一定的高度之后，问题的解决度自然会从低变高，此时你所走出的那一步，才叫做"选择"。

我们回到孙玲的案例中来。

孙玲的错误，不在于一开始从学校逃离出来选择了热门的房地产行业，也不在于后来从房地产行业转向私立学校，更不在于后面的几次辗转，而在于，孙玲每做一份工作，都缺乏"事业心"，说白了，也就是缺乏应有的职业态度和精神。

比如，在第一份中学语文老师的工作岗位上，如果孙玲能做到学校乃至整个地区的优秀教师甚至特级教师，情况可能会大不相同。

设想一下如果五年后孙玲已成为教坛上冉冉升起的一颗新星，在权威期刊上发表过很多专业文章，在学校负责过一些教研课题并取得了一些成果，我想孙玲的很多同学会纷纷对她表示敬慕之情。也许若干年后，他们会不遗余力地将自己的孩子送入孙玲的班级里，她所获得的成就感、社会地位及威望，一点也不比企业里的同学差。

事实上，一个人从学校毕业只是代表他结束了读书的征程而踏上另一段征程，这段征程的名字叫"实干"。

### 四、不要把你的能力变成一片杂乱无章的草

我们还以前文的孙玲为例。

这些年，孙玲为了改善困境，也进行了各种摸索和学习。她利用业余时间考了人力资源师资格证、证券从业资格证，目前还打算考建造师。

孙玲的这种做法恐怕是很多人共同存在的问题。

心理学对于能力的定义是："完成一项目标和任务所体现出来的心理特征。"

从这个定义不难看出，知识如果不应用于实际完成某些具体目标或任务，则意味着无法转化成相应的能力。比如一个考取了心理咨询师证书的人，如果连一天的咨询都没有做过，这纸证书只是一张纸而已，无法转变成这个人的能力。

按照这种定义和逻辑，不以应用为导向而学习的知识或技能就是现在的"屠龙术"——你花了很多工夫学习相应的技能与知识，现实中却没有龙可以杀，这无异于时间精力的巨大浪费。

一个人的时间精力终归有限，如果一味通过考证等方式积累能力，与你的实际工作或未来方向相距甚远，你的能力最终就像坡上的野草般杂乱无章，只会停留在浅层阶段，无法深入，更无法形成势能，最终沦为"平庸之辈"。

假如孙玲当年以特级教师为奋斗目标，利用业余时间学习一下发

展心理学（并非考取心理咨询师证书），主要掌握孩子们的成长特点和心理状态，在教案的研发和编排上，尽量做到符合这一阶段孩子的心理特点，让孩子们更好地吸收语文知识，再通过调动孩子们的积极性，激发他们学习语文的兴趣——如此一来，发展心理学的知识将对她的教学工作产生巨大的作用和价值。

### 五、牛人都是做出来的

事实上，想要在中年过得丰盈，每个人迫切需要做的一件事情，就是将自己的所学和实践结合起来。

咨询到最后，孙玲意识到，第一份工作其实自己并不讨厌，如果当初真的能够做到优秀教师的水平，那么转行做房地产文案工作也许顺利得多；即便这步不行，转到私立学校，由于具备丰富的教学经验和拿得出手的成果，完全可以竞聘到有名气的私立学校任职，而不至于沦落到今天这般被动且无力的境地。

在成年人的世界里，很多人之所以会在工作十年、二十年出现巨大差异，是因为很多人都会不知不觉把命运交给一份未知的"选择"：他们从来不去思考，在这个过程中，自己到底做了多少事，又到底解决了哪些问题。

太多的人找工作的时候恨不能一步到位，指望一份工作就能满足人生所有的梦想与愿望，可事实总是不尽如人意；而恰恰就是在这样的彷徨、选择、困顿和徘徊中，他们错过了学习的黄金时期，错过了很多绝佳的机会，最终，由于没有形成自己强大的核心能力，只好放任自己在重复性的事务性工作中，蹉跎了一生。

## 不要用兴趣为自己的职业设限

过分纠结于所谓的兴趣，是你我成长的第一个大坑。

一份理想的工作，最好是follow your heart，根据自己的兴趣选择专业或职业，方能做出成就。

然而在实际的职业咨询中，我发现很多人以兴趣为由，比如，不知道自己对什么感兴趣，从而一直在不断地选择各个领域的路上，却从来没有进入一个领域的大门。

试想一下，假如一个人真的不知道自己对什么感兴趣，到了50岁还在寻找自己的兴趣，这样的职业生涯，不得不说是一个悲剧。

那么，假如真的找不到兴趣，该如何是好呢？

"老师，我不知道自己对什么感兴趣，是不是没救了？"2017年这个时候，我和安安咨询时，安安流露出了一丝不安与惶恐。

我看了看安安的履历，可以说安安这一路，更像是基于外力的安排。

安安从小到大都是"学霸"。让她苦恼的是，她似乎并没有什么特别的兴趣，对她而言，当学生的首要任务就是搞好学习成绩，安安通过自己的努力做到了，成绩一直遥遥领先。高考那一年，听家人说某高等师范学府的某某专业在全国属于领先位置，她想也没想就报了，结果考上了。

毕业之后因为成绩优秀，被一所名校录用，成为一名老师。

然而渐渐地，她感受到了工作的压力和琐碎，同时通过阅读很多
微信文章，她得知这个世界上有太多活得精彩的人。她开始动摇了，
甚至一度想要通过寻找一个爱好重新探索职业方向。于是利用学校放
暑假期间，她开始在外寻找其他的工作机会。想到自己在校期间学过
编程，于是就想寻找与编程相关的岗位。但遗憾的是，毕竟编程的工
作内容更新换代太快了，她在校所学的计算机语言如今早就没人用了
了，于是她就报了一个培训班学习编程。可她突然发现，自己似乎对
编程这件事情并没有想象中那么有兴趣。

处于十字路口的她到底该何去何从呢？

我明白，安安的困扰是当下很多年轻人共同的困扰，那就是，在
鼓吹个性和兴趣的时代背景下，如果你发现自己没有兴趣或者没有什
么鲜明的个性，仿佛就会被人视为"异类"，备感无力而迷茫。

然而，如果我们顺着时间的河流向前追溯，从他人的故事里，你
可能会对"兴趣"有一番新的思考与解读。这个故事的主人公，叫贾
立群。

贾老师在业内被称为"B超神探"，足见其在行业内的影响力。
在推崇个人品牌的今天，贾老师无疑是一块响当当的个人品牌。

有一期《新闻联播》曾经报道过这位神奇的贾老师。当时，外表
朴实无华的贾老师说，当年上山下乡烧锅炉，只要轮到自己值班，大
家都会说，有小贾给大家烧锅炉，今晚一定冻不着。

在东北插队那会儿，很多人都记得他，从砖窑里扔砖给卡车上的
人，不扔到胳膊不听使唤不会停下来；干木工活儿和老师傅一块儿上
房梁；做瓦工活能独立砌一个墙角。因为工作出色，他曾被派去烧锅

炉。他烧锅炉基本就没封过火，多早起来出车的人都有腾腾的热气烤发动机……他让所有平凡都不同凡响。

贾老师是多年的老模范，他的工作岗位是北京儿童医院超声科主任。对他最常见的描述是"36年接诊30多万名患儿，7万多疑难病例，挽救了2000多位危重患儿的生命"。——而这些，还只是截至2013年的数据。

### 1. 不是有了兴趣才能做好，而是做好了才有兴趣

如果你仔细体会不难发现，一件事情哪怕你开始再有兴趣，但如果做不好，这种兴趣很快就会烟消云散。

到底什么是兴趣？

心理学对于兴趣的定义为："人们力求认识某种事物和从事某项活动的意识倾向，它表现为人们对某件事物、某项活动的选择性态度和积极的情绪反应。"

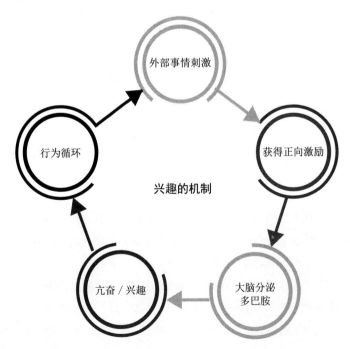

从这个角度来看，兴趣的本质其实只是一种态度与情绪。

假如你的孩子从小就对音乐感兴趣，那么他一定会有相应的态度与情绪反应。比如，相比体育频道，他更喜欢收看音乐频道的节目；他听见音乐就会情不自禁地手舞足蹈，并且能自得其乐。如果是这样，我们就有理由认为，你的孩子在音乐这件事情上，呈现出了选择性态度和积极的情绪反应。

然而如果你想培养孩子对音乐的兴趣，让他成为一名"特长生"或者有可能今后成为一名音乐家，仅仅靠这种态度和反应是远远不够的。

你需要给他报音乐方面的培训班，或者请专业的音乐老师教他，接下来，这个孩子需要面对的是多年如一日的反复训练，才可能通过层层考级一路通关，才有希望学有所成，成为他的优势甚至未来的职业方向。

### 2. 任何领域的入门，对新手而言都差不多

如果我问你，对于刚刚提及的学音乐的孩子而言，最难熬的时光是什么时候？

十有八九的人都会告诉我，最难熬的莫过于最开始的那段时光，就是练了一段时间却发现没有进步或者被老师批评、自信心受到打击的时候。

这就是关键问题所在。

也就意味着，其实不论兴趣也好，职业也罢，对于新手而言，都会经历一段极为不爽甚至痛苦的时光。

如果这个时候坚持不下来，之前再浓的兴趣也会烟消云散。

这就是兴趣的根本问题：首先，你需要接触外部事物，比如一个孩子正式报班或者请家教开始学习音乐，才可能谈及兴趣的培养壮大；其次，在这个过程中，孩子能否感受到自己的进步，老师能否给其正面反馈，这种正向激励非常关键，它能让我们的头脑产生一种亢奋/愉悦的感受——也就是说，存在某个外部条件刺激我们的神经元

产生多巴胺，从而给我们传递这种兴奋、愉悦的感受，这就是大脑的"奖赏机制"。

而对于任何领域的新手而言，由于自身能力不足或者缺乏外部条件使大脑产生多巴胺，兴趣将转瞬即逝。

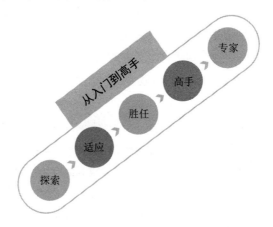

### 3. 一份理想的职业，到底是怎样的

（1）首先，你要有一个职业目标。

我的父辈有很多人和贾老师一样。在那个年代，他们基于外力的安排，起步于一份不起眼的工作，然而，那个年代的人身上有一种坚毅的品质与信念，就是不论做什么事，都要设法将眼前的事情做到极致。

这难道不是目标吗？

目标未必要多么宏伟，多么与众不同，有的时候，信念本身就是目标。

你立足一个岗位立志做到行业第一，这就是一种值得称赞的目标。

（2）除了兴趣之外，还有其他路径去找寻适合的职业。

一份理想的职业，从根本上来说需要具备三个要素，分别是成就感、归属感与自主感。

从这个角度来说，兴趣只是寻找职业方向的一个线索而已，对于那些兴趣不明的人，过分强调兴趣反而适得其反。

我们追溯贾老师的职业经历，不难发现其中的奥秘——

在贾老师当年，上山下乡是一种时代潮流，没别的选择就去了。在那样的艰苦环境中，没有关系、没有背景的他通过自己的工作获得大家认可，被举荐上了工农兵大学。读大学期间，他喜欢无线电和汽车，但被推荐上了医科大学，他就去读了。在学校期间，据说他学习十分刻苦，一度把头盖骨放在枕边悉心研究，大学毕业后被分配到儿童医院的放射科，而放射科在医院内部属于辅助科室。他又通过自己数十年如一日的钻研做成了顶尖高手，将贾氏B超做到炉火纯青。

要知道，任何行业，如果你只停留在浅层，困惑和迷茫永远如影随形，你感受不到游刃有余的快感和成就感，更没有见微知著的洞见与心得。

现实中，很多人往往在新手阶段就宣告放弃，并扬言这里不是他的兴趣所在。

（3）抛开物质回报，多去想想为何选择这份职业。

我遇到不少咨询者，他们在咨询前都感觉咨询师这个职业不错。其中有一部分人认为，咨询师是个挺酷的职业，一边聊天一边就把钱赚了，看起来既轻松又舒适，还能赚钱，似乎是最理想的职业了。

但是问题在于，咨询师既然是一份职业，也就意味着它逃不开最起码的职业定律，那就是，你能给咨询者提供怎样的价值，才能够让咨询者愿意花钱找你咨询？

如果只是天马行空地聊天，我想这个世界上并没有几个傻瓜愿意和咨询师聊天。咨询师真正的价值在于，通过专业的分析与梳理，帮助咨询者认识到目前的困境根源，发现不曾留意的自身特质，为自己的职业发展提供一份值得参考的建议和方案。

所以，如果你不喜欢和人打交道、不擅长和人沟通、对人不感兴趣、不喜欢动脑钻研、不愿意付出大量的时间精力和成本去学习、并不是发自内心想真诚帮助他人，那么这份职业恐怕只会让你失望，它无法带给你所期冀的物质回报。

安安经过梳理之后发现，原来自己具备当老师的潜质，只是卡在无法获得认可上。

所以这看起来是一个职业选择问题，实质上是职业适应问题。

最终，安安坚定了自己做老师的职业方向。

一年时间过去了，她兴奋地向我们反馈说，自己被评上了教坛新星，领导、同事及家长对她的评价很高。她浑身上下充满了干劲，假期也没有闲着，刚去外地学习回来，争取开学再创佳绩。

如果你从安安的故事里看见了自己的影子，或者，你从贾老师身上看到了另一种可能的人生，我想告诉你的是，对于兴趣这件事，其实没必要过分纠结，因为这个世界上的任何事情，不论因兴趣而起还是迫于外力，成为高手的规律和路径都大同小异。

　　而如果你到现在都不曾发现自己的兴趣，我的建议是，不妨从自己能做的事情出发，在一个点上做到优秀。

　　总有一天你会发现，所谓的优秀，更是一种能力和习惯。

# 相信并发展自己的天赋

## 一、正确认知天赋

说到天赋，不得不提及一个人。

这个人在少年时期特别沉迷于小提琴，他一有空就练习拉小提琴，然而大家都觉得这个孩子拉得实在太蹩脚了，完全没有音乐天赋。

于是父母就带着这个孩子请教当时一位有名的小提琴老师，老师让少年拉上一首，结果破绽百出。老师问少年："你为什么喜欢拉小提琴？"少年说："我想成为帕格尼尼那样的小提琴家。"老师问他："你拉琴快乐吗？"少年说快乐。

认为天赋不重要，并且从来不相信自己有天赋。

误将天赋等同于喜欢，总试图在兴趣层面寻找天赋。

关于天赋的三大认知误区

认为天赋等于能力，以为只要有天赋，成功就唾手可得。

于是老师就告诉他，既然快乐，你就已经成功了，何必执着于成为小提琴家呢？

少年冷静了下来，他将拉小提琴作为自己的爱好，不再受困于成为帕格尼尼的梦想。

这位少年长大之后，在物理学界取得了显赫的成就，他叫阿尔伯特·爱因斯坦。

这个传说有很多解读版本，但在我看来，这是一个极好的关于天赋的寓言。

（1）爱因斯坦喜欢小提琴，但在拉小提琴方面却没有天赋，所以天赋未必存在于你认为自己喜欢的事情里。

（2）爱因斯坦如果没有迷途知返，而是执着于小提琴，那么这个世界将损失一位卓越的物理学家，音乐界不会因此多出一名非凡的小提琴演奏家，所以努力一定要用在天赋领域才能获得成功。

（3）爱因斯坦后来转战物理学领域。1904年，在年轻的爱因斯坦潜心研究的时候，他的儿子出生了。于是在家里，他常常一手抱着儿子一手做运算，在街上他也是一边推着婴儿车，一边思考着自己的研究课题。等妻儿熟睡了，他依旧在屋外点灯撰写论文。

即便如爱因斯坦这般在物理学方面天赋异禀的牛人，也是经过了多年如一日的努力才取得了显赫的成就，所以，脱离了努力的天赋并没有任何实质的意义，也无法形成优势能力。

## 二、识别自己的天赋

### 1. 性格不是天赋的决定因素

我遇到很多咨询者，都自称性格内向，认定自己不适合做销售相关的工作。

其实，性格是我们长期适应环境的一种应对方式与机制，它有其自身特点，但不足以成为我们选择职业方向的重大障碍。

举个例子来说。我小时候在奶奶家，有一次见到一个面目狰狞的大人，我当时被吓得不轻。奶奶示意我喊伯伯，可我就是张不开嘴，于是奶奶就认定我"没出息"，从此不论我做什么事她都会说我这也不行那也不行。

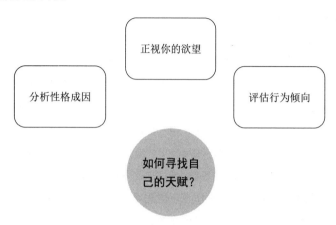

久而久之，我在奶奶家就很少说话了，奶奶甚至说我是"小哑巴"，我也懒得浪费口舌为自己辩解。

相反，我去外婆家话就特别多。外婆外公十分慈祥，我把平时从书里看到的有趣的故事说给他们听，他们总是笑眯眯地夸我有出息。同样，我见到外表不那么友善的生人依然不愿开口话，但外婆总能给我打圆场，说其实我挺懂礼貌的，就是有些慢热，对不熟的人会有些不好意思。

我把这段过往说给很多号称"内向"的咨询者听，我问他们："其实你所说的内向，是不是和我一样，是分环境和对象的？"很多人都点头称是。

可见，性格只是你我成长过程中适应环境的一种应对方式，它本身不具有意义，但你可以通过追溯自己性格的成因，找到天赋的蛛丝马迹。

### 2. 正视你的欲望，这是天赋的重要线索

正是因为小时候无法随时随地畅所欲言，而内心蓬勃的表达欲望

无处宣泄，于是就开始付诸文字。

　　有那么一段时间，我曾怀疑自己是否真的具有写作天赋。我委托一位朋友邀请一位著名的导演吃饭聊天，当问及这个问题的时候，他告诉我，其实天赋这件事情很多时候和欲望相关，比如，从事文字工作且取得成绩的人都有一个特点，那就是强烈的表达欲。

　　"很多天赋的雏形是欲望，如果你对一件事有强烈的欲望，不论再恶劣的环境也无法阻挡你，坚持下去，就会成为你的优势，那个时候，你就会对天赋这件事有新的解读。"那位导演说。

　　如今我渐渐明白，其实我在写作方面之所以能取得一定的成绩，是因为背后的表达欲一直推动着我前行，而逻辑与条理性才是我的天赋与优势。这些恰恰和我多年的财务工作经历密不可分，渐渐形成了一种行文风格。

　　3. 评估你的行为倾向

　　天赋通常是隐性的且无法孤立存在，可以从你做事过程中呈现出来的行为倾向来挖掘。

　　行为倾向常常包括思维方式、人际风格、压力应对三方面。

**思维方式**
天马行空或逻辑为王？

**人际风格**
喜欢和人打交道或喜欢
和任务打交道？

如何识别行为倾向？

**压力应对**
压力大的情况下，发挥
更好还是更差？

### 三、如何利用天赋寻找适合自己的职业方向

很多人问我，如何判断自己是否适合培训行业呢？

首先要分析你想要从事哪方面的培训工作。不同的培训工作对于特质的要求也是不同的，比如，一个彩妆培训师和一名财务培训师显然需要两种不同的特质。

其次你要有强烈的表达欲，如果你在平时的工作生活中喜欢"好为人师"，那么恭喜你，你具有从事培训行业的特质。

第三是你的行为倾向。

比如，你的思维方式是怎样的？你的行为倾向如何？你喜欢和人打交道还是喜欢和任务打交道？你在压力环境下做得更好还是更糟？

比起天马行空创意类的思维特点，具有框架下的逻辑思维偏好的人可能更适合做财务培训师；由于培训师是面向大众的，所以喜欢和人打交道的特点更适合培训师这个行业，而喜欢和任务打交道的人更适合去企业从事财务分析等工作；压力环境下做得更好的人适合做宣讲师，等等。

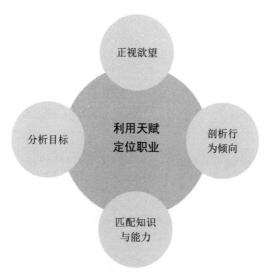

最后是你是否具备相应的知识和能力。

以财务培训为例，你是否具有中级会计师以上职称？你是否具有财务相关工作经验？

当然还有一点至关重要，那就是他人的反馈，经过前面的步骤你整理出一些思路之后，如果依旧无法确定自己的天赋，不妨多问问身边的人，看看他们眼里的自己是怎样的。

综上所述，对于很多普通人而言，我们并非天赋异禀，但每个人都有天赋，早一天发现，你就早一天找到努力的方向，早日过上高性价比的人生。

# 04

## 优势是比兴趣更重要的线索

### 一、以兴趣为始，为何依然半途而废

小秋找我咨询的时候，已经在职场中摸爬滚打了4年。

毕业四年，她做了六份工作，从宠物店的美容师到化妆品行业的美容顾问，再到如今的新媒体编辑，这一路，小秋走得好坎坷。

临近毕业那会儿，小秋班里的同学分成了两大阵营，一是考研族，二是求职族。

小秋之所以决定求职，是因为她实在对这个专业不感兴趣，也想象不出来，如果继续读研，结果是否一定比现在好。

"反正迟早要找工作，既然不打算往专业方向发展，对我而言还是尽早就业比较好。"小秋说。

可到了乌泱乌泱的人才市场，小秋才发现，自己大学四年基本就是混过来的。成绩成绩也不好，能力能力也没有，一时间，小秋慌了神。

"算了，反正做什么也是做，不如找一个自己喜欢的吧。"小秋想。

小秋思前想后，终于想起她从小就喜欢毛茸茸的小动物，正巧有一天逛街的时候，看到一家宠物店的招聘信息。她几乎不假思索地就去应聘了，很快就做起了"宠物美容师"的职业。

不做不知道，原来所谓的"宠物美容师"，就是在宠物店打扫卫生、给狗猫洗澡剪毛、销售宠物店用品。

小秋一度失望到了极点。

"你不是说自己喜欢宠物吗？"我问。

"是喜欢没错，但我实在受不了它们脏兮兮的样子，况且我喜欢的明明是拉布拉多犬，结果需要剪造型的贵妇犬最多。"听得出来，小秋依然有些怨气。

"所以，你喜欢的并不是宠物本身，而是一个健康干净可爱的宠物给自己带来的愉悦感，是吗？"我问。

"对，真的是这样的。我根本受不了宠物身上的那股怪味儿，以及宠物店里到处飘飞的宠物绒毛，真是受够了！"小秋说。

## 二、兴趣来得有多快，去得就有多快

在寻求职业的时候，有将近一半以上的毕业生都抱持和小秋一样的观点，那就是，所谓兴趣是最好的老师，当然要找一份自己感兴趣的工作。

然而恰恰是兴趣的陷阱最多。

### 1. 你确定你的兴趣不是心血来潮吗

经过和小秋的充分沟通，我发现，其实小秋说她喜欢宠物，有一部分是源自影视作品。

比如她说自己喜欢拉布拉多犬，完全是因为一部电影所致。电影里的主人公和拉布拉多犬的感人故事，让小秋难以忘怀。

从那时开始，小秋就对拉布拉多犬产生了兴趣，事实上，她没有任何养狗的经历和体验，对狗的习性、脾气以及养育过程中的琐碎烦恼，几乎一无所知。

这就是兴趣的第一层假象，你以为的兴趣，有可能只是大脑理想化的产物，与现实相差甚远。

这是存在于职场新人的普遍认知误区，误把想象当现实。在这种情况下做出的职业选择，当然存在深深的隐患。一旦发现现实与理想的差距过大，就会备感失望，进而怀疑自我。

### 2. 你确定你的兴趣是自己力所能及的范围吗

在职业定位中，有的兴趣是能转换成职业的，但未必所有的兴趣都能转换成职业。

这就涉及天赋、能力、机遇等多方面的问题了。

假设有100个人都喜欢京剧，只能称之为"京剧爱好者"；真正愿意花时间练习并且钻研的可能只有10个人，这10个人愿意为这个兴趣花钱，比如花钱买票听戏，这类人被称为"票友"，他们在私底下也会切磋交流；但这10个人当中，真正能以京剧为生的少之又少，它需要天赋（比如音色、身体柔韧性等）、名师指导（老师的水平很重要）、长时间的唱念做打的习练（一万小时定律）、合适的机遇（有登台表演的机会及贵人提携），方有可能将京剧作为职业，成为京剧艺术家。

这就像很多女孩都爱化妆，但并不意味着所有女孩都能成为化妆师。

对于很多普通人而言，如果无法成为专业的化妆师，那么基本上你的出路有两条，一是主流价值链上的岗位，譬如销售、活动策划等，这些岗位能直接决定化妆品的销售额，给企业带来直接效益，所以工资和销量挂钩；二是辅助价值链的岗位，比如客服、行政等，这些岗位并不直接创造价值，多年来基本是拿着固定工资，对应的风险也小。

显然，小秋辞去第一份工作之后，有点病急乱投医的感觉，以为自己爱美就能做好化妆品行业，殊不知，想要做好销售，需要相当的沟通及揣摩客户心理的能力。

能力不匹配，良好的愿望终究化作梦幻泡影。

## 三、找到自己的优势，才是比兴趣更核心的线索

经过对小秋过往经历的梳理和分析，我发现她的个性偏内向，心思细腻敏感，对文字具备一定的敏感度。

比如前文提及的，她喜欢拉布拉多犬是受一部影片的影响，所以她真正的敏感点不在拉布拉多犬上，而在于剧情方面，也就意味着，小秋是个感性思维的人，喜欢天马行空的想象更多一些。

这一分析得到了小秋积极的回应和认可。

小秋回忆说，自己在上学时，偏爱语文这门课，对于那些优美的词句更是过目不忘。

后来小秋误打误撞，在同学的介绍下进入一家新媒体公司做编辑工作。尽管这份职业目前做得不尽如人意，但恰恰吻合了小秋的这一天性。

"这么说来，既然这份职业条符合我的特质，也就意味着不要轻易离职咯？"小秋自言自语地说。

"你不妨分析一下，目前的岗位都有哪些工作内容？哪些内容是你还比较喜欢的？哪些内容是你不喜欢的？你不喜欢的内容占的比重有多少？"

在我的引导下，小秋对自己的职业情况渐渐有了清晰的认识。

# 05

## 内向者的优势

### 一、性格的真相

哈佛大学有个80多岁的科学家杰尔姆·卡根，他是20世纪最伟大的发展心理学家之一。卡根的职业生涯致力于研究儿童的情感和认知发展，他曾经跟踪记录一些孩子从婴儿期到青春期这段历程中生理和性格的变化。

卡根和他的团队精心选择了一些新鲜事，让4个月大的婴儿去经历。他们让这些婴儿听录音和气球爆炸的声音、看彩色的手机在眼前晃动、闻酒精棉签的味道。

婴儿们对这些刺激表现出了不同的应激反应，约有20%的婴儿一边号啕大哭，一边用力蹬着双腿并挥舞着胳膊，卡根称这些婴儿为"高度应激群体"；约有40%的婴儿依然保持安静，偶尔动动胳膊动动腿，完全没有过度的反应，卡根称这些婴儿为"低度应激群体"；剩下40%的婴儿的表现则介于两者之间。

等到这些婴儿长到2岁、4岁、7岁及11岁的时候，很多人会回到卡根的实验室接受后续的刺激实验。

结果发现，那些高度应激的婴儿，也就是那20%会对手机振铃作出高度反应的婴儿，更有可能发展成为严肃、谨慎性格的人，而那些低度反应的婴儿，即那些相对安静的孩子，则可能成为自信而悠闲的类型。

换句话说，高度应激群体和低度应激群体对应的性格类型便是内向型群体和外向型群体。

研究还进一步发现，那些高度应激的婴儿并没有厌世的情绪，他们只是对周围环境更加敏感而已。

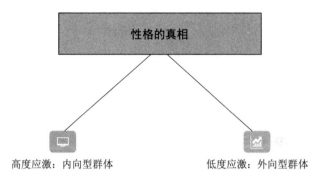

**性格的真相**

高度应激：内向型群体          低度应激：外向型群体

## 二、被低估的"警觉注意力"

高度应激的孩子对人和事所持的态度被心理学专家们称为"警觉注意力"，恰恰是这种特质，被人们大大低估了。

科技新闻记者威妮弗雷德·加拉格尔曾经指出，有很多内向性格是由环境单一或敏感的神经系统造成的，比如有的孩子对这个世界充满了好奇，更渴望得到一些新的认知，于是就有可能多花时间去思考。健康问题也可能导致一个孩子形成内向性格，因为他会仔细考虑自己的身体里到底发生了什么。

与此同时，加拉格尔还发现了一个惊人的事实，那就是，由于内向者敏感的特质，对严苛的校园生活并不适应。他们与生俱来的警觉、细微之处的敏感、复杂的情绪等，这一切往往被人们低估。

2017年4月中旬，有一名困惑的房产销售员A找我咨询。他的困惑是，内向的自己是否真的适合销售工作呢？

经过进一步沟通，我渐渐明确A就属于高度应激的类型，对于外界的变化抱持天生的警觉力。另外鉴于A从小体弱多病，会花大量的时间和自己对话，成年后形成了内向性格，而在房地产销售领域，这一特质让A备受煎熬。

众所周知，房地产销售的客体是房产，房产属于刚需，一套房产能否销售出去，和房产本身所在的位置和价格相关，而和销售员本人的洞察力并没有本质关联。也就意味着，在这样的工作中，A所特有的"警觉注意力"毫无施展之地。

那么是否意味着，A就不能从事销售工作了呢？

事实恰恰相反。

A可以从事销售工作，只是应该换一个行业或领域。

A说自己是个留守儿童，童年缺乏父母关爱，加上体弱多病，被寄养在舅舅家里，舅舅还算厚道，但舅妈有些刻薄，于是他童年记忆里充斥着大段大段的孤独。

A说，让他感觉最不可思议的事情，就是他能够敏锐地感知孩子的情绪和需求。

"或许我是久病成医吧。"A笑着说。

咨询到最后，我们达成了一个共识，结合A的特质，最适合他发展的领域，或许不是房地产销售，而是和孩子有关的教育行业，比如早教机构或者幼儿辅导班，他可以尝试从课程顾问做起。

观察细致入微，做事认真，能够发现问题所在。

长期记忆能力强，记忆具有连续性。

**内向者的潜在优势**

思考具有深度，比他人想得更深入更长远。

分析能力强，工作效率较高。

擅长独立思考且容易专注，思考具有方向性。

善于寻找内在动力，能够看到不好的一面，具有批判性。

同样是销售，幼儿教育领域的课程顾问需要和孩子及家长建立长期的信任关系。一个课程的跨度时间较长，外向型人往往能够迅速和陌生人建立关系，但在关系维护层面的能力要比内向型人弱一些；此外课程的反馈也是课程销售的重要环节，内向型人更擅长搜集全面的反馈进行分析，发现课程及教学环节的不足，反馈给其他部门，促进整体教学机构的发展。

而之前A所从事的房地产销售工作无法与他的内向特质匹配。房产销售往往只是一次性交易，当房产交易结束之后，客户几乎不会和房产销售员有任何关联，而内向型人的慢热常常会导致自己错失精准客户，所以房产销售更适合热情开朗的外向型人。

### 三、内向者与外向者根本的差异，在于获取力量的源泉不同

内向者 VS 外向者

内向的人可以从独自思考中得到能量，擅于倾听和应对不确定性。

外向的人可以从与他人的相处中得到能量，擅于表达情绪。

从职业的角度考量，内向者不是不适合销售，只是更适合和客户建立长久关系的销售。

内向者不是不擅长言谈，相反，和外向者不同的是，由于他们思维缜密、思考深入，只要能够下意识刻意练习，往往能够驾驭复杂的谈话局面，反而更容易胜任商业谈判、公众演讲等具有挑战性的任务。

内向者不是故作清高，相反，他们有一颗愿意倾听的心。如果你愿意信任他们，他们回报给你的也绝对物超所值。

心理学家米哈里·奇克森特米哈伊在1990—1995年间做了一项研究，研究对象是91名在艺术界、科学界、商业及政治领域表现出卓越创造力的人。他们当中有很多人在青春期阶段处于社会的边缘，从某种程度上来说，"感兴趣或专注的领域对于同龄人来说都太不可思议了"。

《时间的皱纹》一书的作者马德琳·英格曾经说过，如果不是因

为小时候一个人把时间都用在阅读和思考上，她压根就不会成为一名如此大胆的思想家。

越来越多的事实显示，孤独和安静具有一种强大的力量，能够让人摒弃一切干扰和诱惑，沉浸在一件事情中，所以"刻意练习"最容易发生在内向者身上。

有研究表明，高度应激者对人和事的观察更深入，他们获得的信息量更大。

目前，由于我们面临人口激增、节奏加快的现实，很多时候没有时间和陌生人进行深入交流。我们往往需要在面试的30分钟内给面试官留下一个好印象，在相亲的前5分钟内给相亲对象留下一个好印象，甚至很多招聘岗位都十分看重社交经历。

基于这样的背景，善于侃侃而谈、能够迅速和陌生人建立关系的外向者更容易脱颖而出，也更容易被别人看到闪光点，而喜欢深思熟虑、热爱独处的内向者往往不太容易被发现。

**一句话概述**
追求高质量的、稳定的社会关系。

**内向者≠讨厌社交**
不讨厌社交，但讨厌浪费时间的低质量社交。

**内向者交往特点**

**内向者≠不善言辞**
不刻意合群，终其一生都在寻找稳定的亲密关系。

**内向者≠不会管理**
缄默和自信让他们散发出迷人的魅力，领导风格倾向于温和而坚定。

内向者需要改变自己的性格，变成外向者吗?

很不幸，我们根本没办法改变自己的性格特质，然而内向者可以通过发展自我监控力，达到自我提升的目的。

对于内向者而言，有一个经验或许对他们最为适用，那就是："不刻意追求一样东西，反而可以自然而然地拥有。当你活得越像你自己、越来越好的时候，人脉自然就会拓展开来。我们要做的，只是在这些自然而然发生之前，耐得住寂寞——在耐得住寂寞这方面，还有谁比内向的人更有天赋呢?"

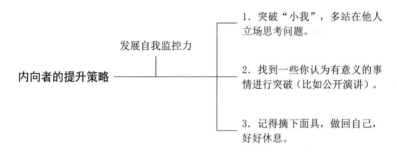

# 第 4 章

拥有斜杠思维

# 斜杠思维与能力是未来大势所趋

在我经手的多数职业咨询案例中，绝大多数咨询者都被这些问题所困扰——

（1）年轻的时候没有职业规划意识，导致自己高不成低不就，干着一份形同鸡肋的工作，想摆脱，但又不知如何摆脱；

（2）所处的行业正在走下坡路，想要切换职业轨道，却发现自己一无所长，不知从何入手；

（3）想要兼顾工作与家庭，可单位的考核制度异常严格，家庭与工作俨然只能"二选一"……

在职业大环境充满动荡与变数的今天，指望一份职业安稳做到退休的时代正渐渐成为历史；随着时代的进步，自我实现与发展正成为很多人终生的追求。

单纯依靠一份职业已远远满足不了人们不论是物质还是精神层面的需求。

## 一、80%以上的人缺少职业规划意识

2017年3月，华为裁员事件一时间在网上闹得沸沸扬扬，华为官方回应称系属谣言。任正非在一次座谈讲话中表示："30多岁年轻力壮，不努力，光想躺在床上数钱，可能吗？"

在讲话中，任正非更是现身说法，用自己奋斗拼搏的例子表示说："我鼓励你们奋斗，我自己会践行。"

在"华为裁员"风波里，很多人都会说，那些30多岁的程序员们，在企业里被养得骄娇气太重，却从来没有危机意识，只能算是自取其咎。

事实上，每一个面临被裁员的人，不是因为他们懒惰，更不是因为他们不努力，只是他们天真地以为，我付出我所有的时间和精力，就一定能得到不错的回报。

他们错就错在，将所有的希望都赌在了一家企业，都押给了一个老板。

## 二、打败你的，恰恰是你想不到的因素

2008年，我在一家电子厂担任财务经理。那场金融危机严重到什么程度呢？据说整个工业园区的企业，以每天倒闭3家的速度迅速衰落。

很快，我所在的电子厂也遭受了重创。

原本每年高达几千万美元的出口销售额大幅缩水，公司效益明显下滑。就在那一年，老板召集企业内部所有中高管人员召开了大大小小不下几十场临时会议，会议的重点内容，旨在商讨如何度过金融危机。

在危机面前，一家企业迫切需要解决的问题，是如何活下来。

销售额迅速萎缩已成既定的事实，而市场大环境是我们无法改变的，想要让企业存活下来，唯有从开支方面入手。这个时候，有人向老板提议说："很多家企业已经大面积裁员了，我知道你不舍得这些跟了你十几年的员工，但是老板，你要想清楚一个问题，如果再不做决断，整个公司都会完蛋！"

老板的脸上流露出异常痛苦的表情，很久都没有说话。

第二天，老板让我将各部门人员开支明细数据整理出来打印给他。

资料打印完毕，我准备上楼递交给老板。看着来来往往、辛勤忙

碌的同事，心中有股说不出来的滋味儿。

我隐约知道这份数据递交出去会有怎样的后果，但作为财务经理，当时也没有一点办法。

果然，这份数据递交后没过3天，很多部门的员工陆陆续续被叫到总经理办公室谈话，Y也在其中。

Y是我来到这家公司之后结识的第一位朋友。

她是设计部的一位设计师，做事认真细致，在金融危机之前，她是最受老板器重的一位设计师，负责为海外部分区域的客户设计产品。

不幸的是，在金融危机期间，Y负责的几家客户业务大幅缩水。数据显示，整个一季度的销售量还不足往年的十分之一。

Y被叫去谈话，第二天我就没看到她的身影。

事后Y在QQ上告诉我，一直以来，她都无比自信地认为自己起码是拥有一技之长的，在公司是占据不可替代的位置的。然而事实证明，这只是自己的一厢情愿。

正如前不久沸沸扬扬的银行危机一样，因为这个时代发展太快了，你根本就不知道什么时候会面临失业的风险。

不知道你是否发现，在当今社会里，反倒是一些你从来没有考虑过的因素，决定着你的去留。

### 三、寻找多种可能性迫在眉睫

虽然我在那一场金融危机中没有被裁员，但留下来的员工一律面临着集体降薪的局面。

企业的中高管人员降薪幅度最大，每个人的工资只有原来的三分之一。

正是亲历了那种艰难和困顿，我慢慢明白了一个真相，就是想要过得不那么拮据，就需要一个以上的收入来源。否则，即便我有幸躲过这场金融危机，说不定以后还有各种危机等着我，我不能束手待毙。

此后，我开始主动寻找其他收入来源。由于当时公司资金匮乏，我找到老板，和他谈融资事宜。老板告诉我，如果我能完成多少融资量，我的年终奖一定不会少。

就这样，我靠着在金融危机时期四处奔走给企业融到了资金拿到了提成，让我的经济压力缓解了许多。

我渐渐明白，原来赚钱这件事情，是需要自己多开动脑筋的。

2010年年初，公司终于在金融危机中幸存了下来，业务也渐渐回暖，我们的工资终于得以恢复。

就在其他同事欢欣鼓舞、颇感振奋的时刻，我却在网上注册了一个博客，开始了写作之旅。

我意识到，是时候发展自己的爱好、为自己的将来做准备了。

因为我的经历告诉我——

很多时候我们之所以感到别无选择，是因为没有足够的钱。

而当我们需要钱的时候，我们会发现主业无法给我们带来足够的钱。

## 四、斜杠思维与能力是未来的大势所趋

要说"斜杠"这件事，从我的切身经历来看，其实是具有非常正面积极的作用的。

### 1. 我们80%的焦虑根源，是因为收入不够

还记得学完职业生涯规划回到学校后的很长一段时间，我的课程受到了学员的一致好评，经我辅导的学员后来如愿以偿找到了理想的工作，一时间，我的名气不胫而走，有很多学员慕名前来请我给他们做辅导，很多校区更是邀请我给他们的学员上职业规划的课程。

这无疑是一份巨大的认可和鼓舞。

与此同时，有些学员也邀请我给他们所在的企业上职业规划课。

我从来没有想到，职业规划课程会成为我的品牌课程。那段时期，我的职业规划课程一度超过了会计培训课程，职业规划课程给我

带来的收入，竟然占据了总收入的一半左右。

我的焦虑顿时减少了许多，也更加坚信了一点，即便有一天我离开这家机构，我也同样能活得很好。

### 2. "斜杠"给你带来的，不仅仅是一份收入

我曾经遇到一位咨询者M，她当时的主业是一名公司的行政人员，30岁左右，她陷入了前所未有的焦虑和迷茫。

根据M的说法，其实她所在的公司环境不错，氛围也很好，但她焦虑的是，总不能一辈子做行政。自己到了谈婚论嫁的年纪，迟早有一天要生孩子，如果生完孩子，即便她想回来做行政，到时候公司是否接收还很难说。

她告诉我，其实她心中一直有个舞蹈的梦想。

抓住这一主要的线索，我开始和她分析，如果把舞蹈作为一份副业，会对她产生怎样的影响。

显而易见，这份副业其实和主业没有太大的关联性。

之所以提议让她发展副业，是因为她的主业很难看到升职加薪的希望。

无疑，"斜杠"是一种不会让我们感到自己在走钢丝、一着不慎满盘皆输的生活方式。

后来M采纳了我的建议，利用业余时间做起了肚皮舞教练。

如今M生了孩子，升级为一位妈妈，她和一个朋友合伙，创办了肚皮舞馆。前不久她向我们反馈说，舞馆每天人满为患，她过完年正打算开第二家分店。

或许很多人和M一样，在主业上没有找到自己，那么何妨结合自己的爱好发展一份副业，完成自我探索和转变呢？

### 3. "斜杠"是每个人都能开始的起步

"斜杠"并不像人们想象的那么难。

它需要你投入的，是工作之外的时间和精力。

我认识一位专门写书评的作者朋友，他喜欢在工作之余读书，于

是在业余时间只做一件事情，就是读书写书评，在豆瓣上发表。

后来，他写的书评越来越好，被一些编辑发现了，便有不少出版社付费邀请他写书评，这就产生了副业收入。

你相信吗？如果你真的愿意每天花两个小时做一件事情并且坚持下来，天长日久，就会产生意想不到的回报与收获。

### 五、摆脱朝九晚五的束缚，开启自己的"斜杠人生"

在《斜杠创业家》这本书里，有这样一段话——

"不是所有人都想成为自由职业者，并且在当今的经济环境下，自愿离开一份工作听起来就像在饥荒中烧毁粮食一般疯狂。为什么在成千上万人无法找到工作的时候，有些人宁愿辞去一份非常好的工作来开创自己的企业？虽然很多人都不会这样做，但事实上支持自由职业的力量正变得更加强大，因为我们不知道现有的工作还能持续多久，并且在这个社交媒体与智能手机普及的时代，开创副业就像发一条推特一样容易。以副业的形式进行创业给我们提供了第三种选择，让我们既不用像全职创业者那样整日提心吊胆，也不会如标准的办公室生活一样枯燥乏味。"

如今各类平台悄然兴起，而"个人+平台"的合作方式将成为大势所趋。

比如，一些上班族会选择在滴滴平台注册司机，利用业余时间拉点儿客人，多的不说，最起码可以赚回汽油钱。

在不远的未来，越来越多的人都会利用自己的特长，选择和一家平台合作，为自己谋得一份收入和自由。

未来，雇佣制渐渐退出历史舞台，合作制将成为主流。到那个时候，每个人都是一家移动的企业，而你自己，无疑就是这家企业的CEO。

重新认知当今的时代，开启属于自己的"斜杠之旅"吧。

## 发现自己的斜杠优势

　　如今的时代充满变数，每个人的境遇差异悬殊，好坏取决于你能否在变化中找到不变的那样东西。

　　曾几何时，我们习惯性地认为，随着工龄的增长，工资应该是递增的，尤其在今天，放眼望去仿佛经济形势一片大好，可为何工资却并未增长，有时甚至下降呢？

　　不论是咨询者的反馈，还是曾经的同事的吐槽，都让我认识到一个严峻而残酷的现实，那就是，对于很多职场人而言，我们正面临一个集体性困局：降薪。

　　这究竟是怎么回事？作为职场人，我们又该如何应对呢？

　　罗姐是一家培训机构的一名老师。她至今还记得，就在两年前，她还是那家机构的金牌讲师，然而就从2016年上半年开始，她所在的机构发生了翻天覆地的变化。

　　这个变化，是从公司实行"直播课"开始的。

　　罗姐所在的培训机构规模还不错，在全国都有校区。2016年上半年的时候，总部领导开了一次在线会议，大意是一些核心课程今后由总部这边安排最优秀的老师开设直播课，而其他分校区的老师，作为直播课线下辅导老师。由于分校区的老师不需要讲课，课酬降至一半，也就是原先的50%。

总部领导还说，如果核心课程试点成功，今后常规课也将逐渐普及直播课，渐渐地机构将加大对各地辅导老师的考核力度，实行淘汰制。也就意味着，非直播课老师可能一不小心就面临被裁员的困境。

罗姐一听慌了神，之前她的上课量已经趋近饱和，几乎每天都有课，按照当时的课酬标准，每个月能拿到六七千元。而总部把关键的核心课程改为直播课，她每个月只能拿到4000元了。如果后期再全面普及直播课，一个月只能勉强拿到3000元。

"赵老师，我干这行这么多年，一直兢兢业业，没想到现在快40岁了，突然面临工资陡降的局面。你说，这究竟是怎么回事？我该如何是好？"罗姐说着，长叹了一口气。

罗姐的问题其实并非个例。

智联招聘2017年7月发布的中国企业第二季度薪酬报告显示，2017年第二季度，全国37个主要城市的平均薪酬从上一季度的每月7665元下降至7365元，降幅3.8%。其中除了新一线及以下城市岗位增幅上升因素外，小微企业薪酬的下降，也是整体薪酬平均数被拉低的重要因素。在第二季度，小微企业薪酬环比下降31%，创业公司高薪抢人已成昨日回忆，呈现出5个季度以来的第一次大幅度薪酬下降，而且降幅达3.8%，实在是出乎意料。

有不少咨询者都怀揣同样的困惑，经济大环境明明看上去很不错，为何薪水不升反降了呢？

为何降薪成为大势所趋？

（1）企业是以营利为目的的组织，不遗余力降低成本永远是企业的刚需。

（2）科技成为降薪背后的推手，传统行业正面临着前所未有的冲击。

举个例子来说，在培训行业，随着互联网的普及与发展，在线课程运用技术手段已日趋成熟。对于一家规模较大的培训机构，给直播老师具有诱惑力的课酬势必能吸引全国最优质的老师前来讲课。与此同时，降低各地辅导老师的课酬，机构整体的成本是下降的，对于机构来说是件好事。

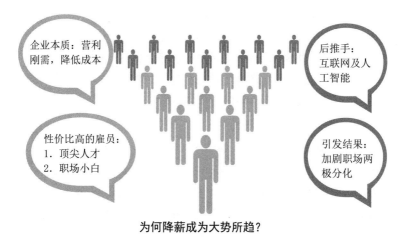

企业本质：营利
刚需，降低成本

后推手：
互联网及人
工智能

性价比高的雇员：
1. 顶尖人才
2. 职场小白

引发结果：
加剧职场两
极分化

**为何降薪成为大势所趋？**

从学员角度考虑，在课程价格不变的前提下，能听到全国知名的授课老师讲课，另外还有线下辅导老师给予及时指导，对他们而言也是一个利好消息。

这里面影响最大的就是各地的授课老师，他们处于一个非常尴尬的境地。论实力远远比不上行业内顶尖的优秀讲师，面临被降薪的困局。要么选择接受，但未来说不准哪天就会被裁员；要么选择另谋他路，但又该往哪里去呢？

（3）站在企业角度考量，工作五年以上不思进取的职场人性价比最低。

吴伯凡老师曾经写过一篇文章，里面有这样的比喻：比如我们进到一个服装店，我们很可能会留意到那些价格适中的产品和品牌。但很快我们的注意力就会转移，论品质和品牌，它们远不如那些高端的品牌；而当我们将思维从品牌、品质转移到价格的时候，又能马上看到很多价格上具有优势的产品和品牌。所以这一类中部产品常常最先进入我们的视野，但也是被我们最终放弃的。

吴伯凡老师称这个现象为"中档危机"。放到职场中，这种现象就是"中年危机"。

很多老板都头疼那些干了五年以上、但其实并不知道要把他们往哪里搁的一批员工。这批员工随着工龄的增长，收入和脾气逐渐上升，缺少职场新人的干劲与冲劲；而比起那些同龄的、贡献大的、优秀的员工，他们同样也缺乏竞争力。

在这种局势下，工作5年以上的职场人又该如何突围呢？

每次遇到这种困局，人们常常能想到的是两条路。

第一条路就是奋力往上，进入到行业顶尖人才阵列。但是，这条路上有千难万阻，需要克服强大的职场惰性，花费很大的精力。多数人听到这条路都拼命摇头，认为自己都一把年纪了，精力、体力、记忆力大不如前，想想就头疼不已，所以这个选择对于很多人来说已经不再是一种好的选择了。

第二条路就是退回起点，重新回到那个能力不讲究、工资不讲究的阵列中。但问题在于，由奢入俭，毕竟是拿过不错收入的人，如今重新回到原点拿低工资，不论面子还是里子实在过不去。于是，又会逐渐陷入静静的绝望中。

其实还有第三条路，那就是在职业以外构建第二条曲线。

这是著名管理思想大师查尔斯·汉迪提出的，就是建立第二条曲线，去对冲你的职业未来的风险与危机。

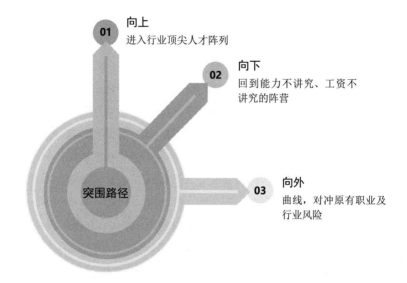

任何事物、企业、个人职业，必然遵循从萌芽到兴起、从兴起到兴盛、从兴盛到衰落的发展规律。简单说来，就是呈现一条S曲线。

**常规发展曲线**

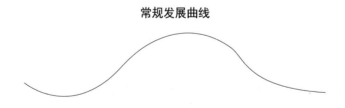

我们刚入职场的时候，投入高于产出，需要忍受一段时期的低收入；随着能力及经验的提升，我们的产出会高于投入，这是上升期；但不可避免的是，这种曲线不会一直上升，到了某一点（比如职业天花板）时，收入就再也上不去了，进入稳定期，到后来就会逐渐衰退。

如果在巅峰期，你有意识地在自己的职业黄金期培养第二条曲线，随着第二条曲线的发展，当你在原先的行业里面临困境的时候，第二条曲线将对冲原职业的风险与冲击，并给你带来新的契机。

**建立第二条曲线**

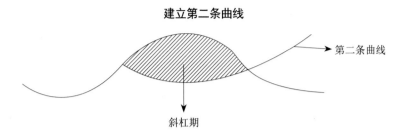

什么是第二条曲线?

就是所谓的斜杠,指的是在本职以外,利用优势技能寻找其他职业路径。

罗姐听到这个理论之后懊悔不迭,她说当年自己在培训机构风生水起那阵子,曾经有朋友建议她,既然口才这么好,有没有考虑过做口才教练,开辟第二职业,这个朋友甚至可以向她推荐一家口才俱乐部。但是当时罗姐还沉浸在职业巅峰期的满足感与成就感中,对朋友的建议并没有当回事儿。

现在想来,她觉得自己错过了那次绝好的机会。不过再一想,她觉得可以到其他地方看看机会。

构建第二条曲线的思路如下:

(1)做好本职工作,到达职业巅峰期的时候,找到优势能力。这一阶段的重点任务就是,发现自己的优势。

罗姐成为金牌讲师那时,口才无疑是她的优势能力。可以通过他人的反馈,印证这种优势能力。

(2)开启斜杠身份,探索第二职业。这一阶段的重点任务就是,积极寻找其他相关的机会,强化核心优势能力。

当时罗姐完全可以采纳朋友的建议,开始口才教练的职业。

(3)打造辨识度,积极拓展第二职业。

比如罗姐完全可以用口才教练这个身份,寻找各大网络平台合作,给更多的人进行口才培训。

如此一来，当罗姐面对今天的困境时，她完全可以坦然接受，并能随时离开这个公司，获得新的发展。

**如何构建第二条曲线**

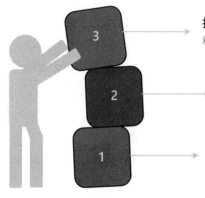

**打造辨识度，积极拓展第二职业**
利用自己的特长，寻找合作平台。

**开启斜杠身份，探索第二职业**
重点任务：积极寻找其他机会，强化核心优势能力。

**做好本职工作，到达职业巅峰期的时候，选择一项优势能力进行开拓**
重点任务：发现自己的优势。

记得有一次我去北京，有位资深媒体人说了这么一句话——

如今的时代充满变数，每个人的境遇差异悬殊，好坏取决于你能否在变化中找到不变的那样东西，不断突破自我，从而真正立于不败之地。

## 为了赚钱而赚钱的人，往往赚不到钱

为何你每天辛苦工作，却仍然看不见未来？

在阅读本节之前，请根据你自己的认知与理解回答这样一个问题：

是什么导致了人与人收入的巨大差异？

如果只能有一个答案，你的回答是什么？

看完本节，你可以再给出一个答案，看看和现在的答案有没有什么不同。

2017年经济领域出了一位诺贝尔经济学奖得主理查德·塞勒，他的理论颇有意思，那就是强调人其实是非理性的。

与此同时，还有一位学者有另外一种看法，那就是"人理性不理性都没用，反正最终结果是非理性的"。后者被称为"索罗斯派"。

索罗斯派一直致力于将自己的投资原则总结出来，形成一套经济学理论，即人类不确定性法则，该法则认为："人们对于其生活的世界的认知是不可能同时满足真实性、完整性和连贯性的。"

在这套理论中，主要有两个要点：

第一个要点是可错性（Fallibility）。该论点认为，这个世界过于复杂，一旦有人试图总结规律，就会产生各种信息损失和偏差，结果就是世人无法真的认清这个世界的真相。

第二个要点是反身性（Reflexivity）。该论点认为，每个人的意识都会反过来作用于事情本身，从而产生叠加的循环。而因为可错性的影响，大多时候由于人的介入，事物会越来越偏离轨道的方向发展。

这两个理论看似与我们遥不可及，事实上它关乎每个人的切身利益——赚钱。

在赚钱这件事上，每个人真的如自己想象的那般理性而果敢吗？

现实恰恰相反。

举个例子来说。

我们都知道，股票市场上，短期内决定一个公司股票涨跌的不是公司的业绩，而是购入股票人数的多少。也就是说，买的人越多，股票涨得越厉害。

从这个角度考虑，很多人买股票的时候并不去分析这家公司的业绩情况，他们往往在观望哪只股票买的人多。结果你会发现，股票涨得越厉害，买的人就越多。

同样的心理模式，可以套用到房地产市场上。

当我们在做决策的时候，很多时候根本就是非理性的。我们绝大多数人真正想的是，别人是如何看的？别人会不会也这样做？别人是如何认为的？

也就是说，很多人之所以在重大决策面前出现失误，就是因为他们根本不是从决策内容本身和自身情况做出分析判断，而是花了大量的时间和精力揣测其他人的意识和想法，即，我会想别人怎么想，别人也在揣测我怎么想，因此最终的决策其实是层层意识叠加的一个结果。

根据前面介绍的可错性和反身性原理，你就不难明白在这种理念指导下做出的决策，该有多么荒谬而经不住推敲了。

并且最严重的后果是，你在这种思路下做出的决策，往往并不是你真实意图的表达。

理解了前面的原理之后，我们再来谈谈赚钱这件事。

赚钱这件事情之所以看起来容易做起来很难，就是因为这件事情恰恰是"可错性"与"反身性"的典型体现。

例如，在赚钱这件事情上，我们很多人往往都是"马后炮"。

当"有人靠维修iPhone年入5亿元"的新闻出来之后，你看到它时的内心活动是什么？

很多人的内心活动往往经历了四个阶段——

（1）震惊：天呐，没想到维修iPhone竟然这么赚钱？！

（2）懊恼：呀，早知道我不上班，摆摊修手机就好了！

（3）愤懑：真是世风日下啊，读那么多年书还抵不过一个修手机的！

（4）自我安慰：不过呢，我一堂堂的高学历人才去修手机也是够诡异的，闹不好真会上新闻。算了算了，丢不起那个人。

经历了上述四个阶段的内心戏之后，你依旧早早起床买个煎饼坐地铁去上班，这则新闻在你内心激荡起一阵涟漪后又很快恢复平静。

直到第二次、第三次至无数次，类似的新闻再也扎不了你的眼，你已经对这种现象渐趋麻木冷漠，终于过完了蹉跎的一生。

在很多人的认知里，职业规划似乎就是三件事情：找到未来的那个点，发现现在的这个点，最后两点成线，似乎就能到达终点。

如果有职业规划咨询师运用这种套路解决咨询者的职业规划问题，充其量也就是个"理论派"，并不具备现实指导意义。

因为在职场中，有很多未知的变量非主观可以左右，但对一个人的职业发展起到微妙却不容忽视的影响，比如：

（1）也许你有一个宏伟的蓝图和目标，但公司会给你这样的发挥空间吗？

（2）公司的每个岗位都有既定的职责与规范，你真的有选择的能力和自由吗？

我们举个例子来说。

咨询者小敏就是这样一位"职场理想主义者"。

她出身贫寒，非常渴望赚钱。她告诉我说，自己的终极理想就是未来开一家自己的店。毕业后小敏投身零售业，目前在一家公司担任淘宝店的运营专员。

最开始的时候，小敏的如意算盘是：首先多学习关于营销、品牌、产品方面的知识，其次好好做业绩赚钱，最后等时机成熟时单干。

无奈理想是丰满的，现实是骨感的。

没到一年小敏发现，每天大量重复的工作占据了她绝大部分的时间，枯燥乏味的数据分析几乎要了小敏的半条命。每天加班到很晚再下班，好不容易挤出来一点休息的时间，唯一的念头就是去某宝上淘些化妆品衣服什么的，抚慰一下憔悴的自己。

别说什么学习、理想，连本职工作都让她疲惫不堪，她觉得自己离理想越来越远。

事实上，这正是企业这种组织形态的特点，它不会让你有足够大量的时间去实现自己的理想，而是通过设计相关制度确保员工几乎不会有闲暇时间做自己的事情，甚至遇到旺季，要靠加班加点才能完成既定的工作量。

在这种背景和环境下，任何一个岗位的员工通常只会深入到具体工作中的某一个环节。

拿小敏为例，她的重点工作是获取网络客户，手段包括网络广告的投放、节假日宣传文案的设计与策划，以及页面设计、日常促销与节日大促。

按照小敏最初的设想，她希望自己能够全面了解整个零售业的运营体系和渠道。但她的设想早超出她的常规工作范围，而本职工作已经填满了她上班的每一分每一秒，根本无暇顾及其他环节，更谈不上学习和积累了。而她用尽全力，也只能勉强完成业绩指标。

如此一来，收入无法突破不说，能力及见识增长也无从谈起。

在小敏的案例中，到底是什么阻碍了她赚钱的宏伟蓝图呢？

### 1. 为了赚钱而赚钱的人，反而赚不到钱

这种现象的存在，进一步验证了前文所说的两个理论：可错性与反身性。

也就是说，你今天看到其他人通过维修iPhone赚到了大钱，你也想投身手机维修行业赚一把，但结果往往并不如同你想象的那样。

首先是入行时机。

有一个经典的投资理论，大意是如果一个项目被很多人注意到了并一拥而上，那么这个项目赚钱的可能性几乎渺茫。

机会这种资源是最稀缺的。

例如，在新闻报道的年入5亿元的iPhone维修业务里，有近80%的收入来源是iPhone保修期内的维修服务，而这部分服务是由苹果公司买单的。

如果有人看了这则新闻眼热，不惜一切代价进入iPhone维修行业，运气好的话能分到一些残羹冷炙，但很难再有这样的经营业绩和规模。

这种"强者越强"的效应，被称为"马太效应"。

这就不难解释，为什么很多人冲着赚钱去的，到头来反而赚不到钱。

根据前面的理论，这些渴望赚钱的人在评估一个项目是否赚钱时

考虑的依据恰恰是：别人对这个项目怎么看？他们有没有赚到钱？大家是否认可这个项目是赚钱的？

如果你按照这种标准判断一个行业很赚钱，其他人也会和你做出同样的判断，于是那个行业里的人越来越多，竞争越来越激烈，到头来反而很难赚到钱。

这就是很多冲着"热门专业""热门行业"进去的人，最后反而没有享受到该专业或行业红利的根本原因所在。

市面上大量试图总结赚钱门道的书籍其实没有太大的作用，因为很多书籍只是停留在方法和技术层面的总结，作者总结出的技术其实也是很多人都知道的，你认为还有多少价值呢？

真正有价值的东西，往往不在书里，恰恰在看不见的市场里，尤其在容易被人们忽略的行业里。而获取这种价值，需要个人结合自身条件和对市场的灵敏度，无法复制，更无法直接"拿来"。

回在小敏的案例中，可以毫不夸张地说，开店是每个零售行业从业者的共同理想。问题是，开店的方式有很多，货品内容也不尽相同，找到适合自己的产品，打通销售渠道，以及进行产品定位、加快资金周转、搞好客户管理等，才是隐藏在"赚钱"目的背后的"暗线"——这些才是需要突破和打通的领域。

### 2. 职场人必须为自己布置"特殊任务"

根据前面的分析不难得知，你指望公司给你进行职业规划，无异于痴人说梦。

公司多是站在管理者的角度的，它的出发点是如何让你安稳地在这个岗位上任劳任怨地当"螺丝钉"，持续为公司服务，到最后让你离不开公司，这才是公司内部"职业规划"的本质和目标。

对于个人而言，要想真正有所突破，就不要指望依靠公司，要学会为自己的未来负责，给自己布置"特殊任务"。

比如小敏的终极梦想是开店创业。创业涉及的知识和能力有很多，从小敏目前的岗位来看，真正值钱的能力并不是海报设计得多么精美，也不是页面优化得多么漂亮——事实上这些在创业的过程中完全可以外包给专业设计公司去做。真正核心的地方在于，客户的需求与痛点在哪里，如何通过优化文案内容、分析广告投放渠道，更有效地吸引高质量的客户。

如果小敏把"降低获取客户成本"作为现阶段的主要目标，那么她的工作视角和方法会和以前大不相同。

同理，如果小敏能在这一点上做精做透，工资待遇也不是多大问题。即便现在的公司给不了理想的薪酬，自然会有其他公司愿意开高价挖小敏过去。

这才是真正意义上的"核心竞争力"。

### 3. 高手和普通人不同的地方，恰恰在于底层的认知和逻辑

曾经有人问我，总觉得财务总监这些人很神秘，这些人每天都在研读什么书？

答案说出来很多人未必相信，但事实就是，财务总监每天研读的书不一而同，但有一本是相通的，那就是《企业会计准则》。

也就意味着，所有赚钱的能力不论有多么绚烂的表现形式，最终还要回归到本源——通用的底层知识上来，比如最基础的商业思维和逻辑，分析客户用到的社会学、心理学的知识框架，这些才是最有力的赚钱工具。

# 如何进行自我投资

想要达成卓越有效的自我投资，该怎么做？

如今，越来越多的人对投资自我的理念十分赞成，但很多人没有一个大的方向，不知道该如何投资，或者，在面对五花八门的选择时，不知道该如何下手。

本节重点解决以下三个问题：

当今时代存在怎样的特点与趋势？

为什么自我投资管理很重要？

如何进行自我投资管理？

## 1. 当今时代的特点与趋势

在阐述个人投资管理这个话题之前，我们有必要达成第一个共识，那就是：个人的投资管理离不开时代大背景。

想要正确地投资自我，我们必须对身处的时代有个起码的认知与把握。顺应时代潮流进行自我投资，才会是卓有成效的。

那么，当今时代的特点与趋势是什么呢？

员工与企业的关系已经从"公司+雇员"逐步转向"平台+个人"。

传统公司的模式正在逐渐消退，而平台模式随着互联网的发展壮大，已有了较大的规模、内涵和影响力。

也就意味着，在现在及未来，能顺应这种模式的公司将会逐渐壮大，无法顺应新模式的公司将逐渐萎靡，直至消亡。

个人将成为越来越重要的经济主体，正迎来自身发展史上的黄金时代。

在传统模式下，每个人都只是价值链上一个微不足道的环节，员工难以直接感知自己的劳动到底创造了什么价值。

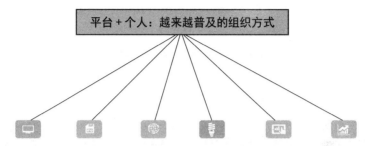

到了互联网的环境里，基于共同的小众兴趣、小众价值观、小众梦想、小众爱好，实现内部协同和外部与客户的深度沟通将成为新的潮流与趋势。与此同时，大量的KOL涌现，个人将拥有前所未有的力量，打造个人品牌走向全球。

托马斯·弗里德曼在《世界是平的》一书中提出过这样的观点："如果说全球化1.0版本的主要动力是国家，全球化2.0的主要动力是公司，那么全球化3.0的独特动力就是个人在全球范围内的合作与竞争……全世界的人们马上开始觉醒，意识到他们拥有了前所未有的力量，可以作为一个个人走向全球；他们要与这个地球上其他个人进行竞争，同时有更多的机会与之进行合作。结果就是，每个人现在都会问：在当今全球竞争机会中我究竟处在什么位置？我如何与他人进行全球合作？"

### 2. 为什么自我投资很重要

（1）组织并不负有为员工个人进行生涯规划的义务。

在充满变数的今天，自我投资是一项重要能力。懂得自我投资的人，往往会获得成长加速度，成为更优秀的自己。

（2）投资行为的背后，标志着个人思维意识和心智模式的重大突破。

很多时候我们之所以受限，是因为我们天生短视，只想着眼前利益，忽略了长期发展。长此以往，我们的思维会受限制，心智无法成熟。

投资背后是"居安思危、未雨绸缪"的高瞻远瞩，更是延迟满足感的心理成熟。因为投资这件事，就像"春耕秋收"一样，注定需要一个过程，以及具有一系列未知的风险。

所以，投资这件事是面向未来的，真正对自己有要求的人，会为了一个更大的目标，情愿舍弃当前的安逸与享受，去迎接一个更好的自己。

### 3. 如何进行自我投资管理

想要理清这个问题，我们需要达成第二个共识，那就是：

自我投资管理的根本目的，是为了在有限的生命旅程中，集中自己的优势资源与精力，去博取某个领域成功的最大概率。

基于这个共识，如果你想达成卓越有效的自我投资，首先要明确目标，其次要学会自我管理的方法，有针对性地进行投资，最后还要巧妙地运用一些投资技巧，养成良好的习惯，获得个人成长加速度，最终迅速崛起，成就一番事业。

（1）尽快找到你的人生目标。

下面介绍一个方法，这个方法来自史蒂夫·帕弗利纳。

第一步，找一个安静的地方，并且只有你一个人，拿出一张白纸，在上面写上："我真正的人生目标是什么？"

第二步，写下你脑海中涌现出来的任何答案，不要评判，这个答案未必是一个完整的句子，也可以是一个关键词。

第三步，重复以上步骤，直到你写出一个让你为之尖叫的答案，这就是你的人生目标。

如果在具体操作中你的感受不强烈，建议把纸上的每一个答案大声念出来，比如"我要……"，仔细体会每一次声音的微妙不同。如果这是你内心迫切渴望的，你的情绪会不自觉地被调动起来，甚至你能体会到声音不是来自喉头，还是来自心里。

找到它，单独写在一张纸上，放在醒目的位置。

（2）通过学习不断更新经验，减少无谓的消耗。

很多时候，人们之所以故步自封，是因为他们在面对问题时没有习得更好的经验，只能重复运用旧经验，到头来让自己陷入情绪的陷阱，耗费大量的时间和精力。

例如，在沟通问题上，很多人都没有有意识去学习有效沟通。

他们的沟通往往是情绪先行，在缺乏刻意练习的前提下，凭着本能进行回应。此时由于掺杂着大量的情绪、预判以及缺乏沟通技巧，导致沟通往往是无效的。接着沮丧感向你袭来，让你再次深陷负面情绪，做不了任何事情。你的生命就在这样无谓的情绪中流失了一秒又一秒。

与其如此，倒不如沉下心来，好好学习并实践新的沟通方法。当你的沟通能力提升之后，你会爱上沟通，并能高效地与他人沟通，节省很多宝贵的时间，做更多有意义的事情。

（3）利用"小投资大回报"，善用"复利投资"。

1）读书是典型的"小投资大回报"。

"小投资大回报"是这样一种理念：在进行投资决策前，先用最小的成本和代价对这件事做一番了解（比如读书就是成本最低的投资），再用最小的代价亲身体验（例如免费体验课），继而结合你的实际情况，进行合理的投资决策，而不是一开始就冲动花钱。

就健身来说，"小投资大回报"的运用场景是这样的——你有健身的打算，不要着急办一张年卡，因为你会发现，自己根本去不了几次，最终造成巨大的浪费。

按照"小投资大回报"的理论，你可以先买一些健身方面的书籍研究一下科学健身的常识与注意事项；有了一定的理论认知后，再去不同的健身馆参加免费体验课程，你就能大致分辨出教练的水平以及他所教授的健身方法是否正确，从中挑选出比较专业的教练；结合自身的情况，如果你不确定是否能抽出固定的时间持续健身，不妨办一张次卡，虽然从单次价格看没有年卡划算，但好在去一次算一次，不限时间。如果你真的无法再去，因为没有时间限制，也好进行二次转让，将损失降到最低。

2）善用"复利投资"。

"复利"绝对是投资领域值得我们高度重视的概念，它的威力超过我们的想象。即便你的起点非常低，只要你有清晰的人生规划和长期坚持的耐心，复利会使你走向成功。

所谓"复利"，就是传说中的"利滚利"。

比如，你第一年存了100元，银行年利率10%，第一年的利息10元。到了第二年，差异就出来了。如果采用单利法，那么第二年利息仍然是10元，两年本利和是120元；如果用复利法，则第二年的利息=（第一年本金100+第一年利息10）*10%=11（元），则两年的本利和为121元。

如果本金或利率再大一些，年限再长一些，则差异就很大了。

应用到职场发展中，如果一个人懂得运用"复利型"的职业规划，三五年后就能和同龄人拉开很大的差距。

比如，A和B毕业时找了一份起步工资差不多的工作，假设年薪都是3万元。不同的是A在家乡，B在深圳。A身处的地域假设经济发展的增长速度为1%，根据复利法计算，假设A的工资要翻一番，需要72年的时间；而B所在的深圳假设经济发展的增长速度为3%，则B的工资翻一番只需要24年的时间。

同样的道理，行业的选择也直接影响到一个人未来的收入水平。

你在一个没落的行业里，整体经济发展速度缓慢，个人想要达成收入的爆发难比登天；但如果你能进入朝阳行业，整体经济发展速度迅猛，你的收入也很容易获得爆发式增长。

（3）复利人生的三大关键点。

想要实现"复利人生"，你需要——

1）目标导向性；

2）越早行动越好，否则再好的规划终究形同一纸空文；

3）相信时间的力量，持续投入与行动。

基于"复利人生"的两点建议：

1）切换职业轨道一定是跳高而不是跳崖，你需要评估自身的能力和优势，寻求更好的资源进一步提升自我；

2）养成一些良好的习惯并固定下来，成为生命中的一部分。

比如保持读书和学习，随着你投入时间的持续，这些理论与知识就会像滚雪球一样在你的脑海中搭建一个完整的体系，同时促进你更深入地思考眼前的工作。学会运用一些新办法解决老问题，从而让你的职业生涯得到质的飞跃，拥有更好的生活，接触更高的工作层面，获得更宽广的见识，最终形成良性循环，达成你想要的人生。

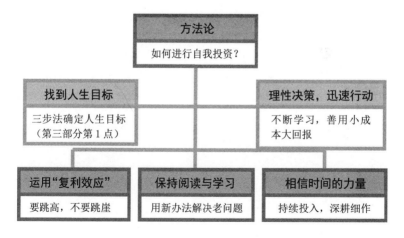

# 第 5 章

## 不要让自己的成长
## 受阻于职场沟通

# 职场小白GDR沟通法

不知你有没有这样的困惑：在职场如战场的严峻形势下，你想沟通却苦于没有方法，怕说错了惹麻烦，说多了招人烦，说得不好听讨人厌，职场沟通的秘诀到底在哪里呢？

下面讲一个故事：桃子的困惑。

有一天我下班回家，打开电脑登录QQ，看有没有什么重要的消息。

一个久违的头像亮起，闪现出这样一行字："老师，谢谢你，我成功地度过了试用期阶段，如今已经转正了，要不是你当初和我说那些，我恐怕都辞职好几回了。老师，你对我还有印象吧？"

怎么能没印象呢？她的网名叫桃子。

那还是在2016年上半年，我接到一例很有代表性的咨询。

一开始桃子很沮丧，我至今还记得她略显激动的表述，说自己实在受不了了，去哪儿都受挫，感觉这个世界对她充满了敌意。

"听起来你很生气，是吗？你刚才说感觉全世界都对你充满敌意，能举个例子具体说说吗？"

桃子想了一下，和我说起这么一件事儿。

## 一、初入职场沟通受阻，问题出在哪儿？

那一天，刚入职不久的桃子接到经理的一个电话。

"你抽空帮我去财务部要一下去年各部门的费用数据，越快越好。"电话的那头，经理的语气与往常一样坚定。

桃子放下电话，跑到财务部，只见财务部的人都很忙，也没有人抬头看她一眼。

她跑到一位看起来年长的老会计那里。

"我是人事部新来的员工。我们经理让我来要一份去年各部门的费用数据，您能帮个忙吗？"桃子轻声说。

老会计抬起头，扶了扶鼻梁上的眼镜，从柜子里拿出一摞凭证对桃子说："没看到我正忙啊，你过两天再来吧。"

桃子悻悻地离开了。

过两天，经理对她说："前两天让你找财务要的数据，发给我看一下。"

桃子立即懵了，她赶紧向经理解释说："我前两天去财务来着，可是那些会计都很忙，没人搭理我。"

"没人搭理你不能想办法吗？告诉你，这份数据明早就要在会上用，你今天无论如何都要搞来。"经理的回答不容置疑。

桃子再次来到财务部，好说歹说，老会计终于答应在下班前把数据从系统里导出来发给她。

桃子在电脑前守着，生怕错过消息，老会计倒也说话算话，给了她一份表格。

桃子看也没看，直接转发给了部门经理。

这件事最后的结果自然不尽如人意，桃子被经理狠狠批评了一顿，说她都没有看这份表格，更没有做任何整理，就发了过来，分明不用心。并且三天前就交代的事情，现在才做，不论从时间还是结果上来看，桃子这件事情处理得让经理颇为不满。

## 二、剥开情绪的层层迷雾，直达问题实质

"老师，我要不要辞职呢？我感觉自己要待不下去了。"桃子说。

"哦？那你说说看，你觉得除了人事工作，自己还愿意做什么工

作呢？"在对方没弄清楚自己的根本问题之前，咨询师需要带着咨询者多做一些尝试与探索，这个过程看似绕弯路，但对于咨询者而言，是一个宝贵的自我梳理的过程。

桃子说了很多向往的职业，无一例外地，这些都是需要和人打交道的工作。

"桃子，"我适时打断了她的话，"如果你现在换了份工作，假如又遇到一个和之前风格差不多的部门经理，你想到办法应对了吗？"

这就是咨询师的作用了，适时把话题拉回，让咨询者慢慢找到问题的根源。

桃子叹了口气。

经过一段时间的交流，桃子终于认识到，其实她之前所谓的讨厌甚至想换工作，多是情绪使然，根源在于桃子缺乏职场沟通经验，尤其是经历了上次的失败之后，她更加不敢说话了，每次只要经理交代一件事，她就无比紧张，生怕自己犯错，可越怕越容易出错。

想要做好职场沟通，最首先要做的事情，是建立一定的信任关系。

信任是沟通的前提，只要你在对方的"信任账户"上有储蓄，沟通的时候就不会那么为难。

在桃子的案例中，最典型的问题就是没有建立信任关系——桃子进了财务室之后，由于自己是新人，财务部的人并不认识她，她既没有和财务部的人打招呼，也没有做充分的自我介绍，上来就直接说事情，这一点会让本来就很忙的老会计多少有些不爽。

遇到这种情况，桃子需要做的就是先在老会计的"信任账户"上做些储蓄，有了信任储蓄之后，再进行工作就会有效多了。

**1. 适当夸奖对方，引发他人好感**

在之前没有打交道的情况下，适当夸奖是拉近彼此距离的最好方法。

听完分析之后，桃子表示非常认同。

她灵机一动说:"如果我这样开场会不会好一些? '您好,如果我没猜错的话,您一定就是我们部长口中常常提起的杨会计吧? 我们部长经常提起您,说您人特别好,很厉害却非常有耐心,还没有一点架子。'"

我点头:"那么接下来会计会如何反应呢? "

"她一定会抬起头来问我是哪个部门的。"桃子说。

"很好,那么你会怎么回答呢? "我问。

### 2. 自我介绍,说明来意

"呀,见到您太激动了,竟然忘了自我介绍。我是桃子,上个月才来公司,现在在人事部打杂。"桃子说。

"嗯,然后呢? "我继续问。

"会计一定会问,你今天来这边有什么事吗? "桃子顿了顿:"可是老师,我应该如何告诉她这件事呢? "

### 3. 理清任务原委,明确领导要求

"嗯,你觉得领导安排给你的这个任务,你自己搞明白了没有? "我问。

通过桃子的回答,我得知她不清楚的地方主要有三个方面,一是这张表是用来做什么的,有没有什么特别要求;二是这件事情有没有时间期限;三是还有没有其他的工作,需要怎样配合。

想要达成有效沟通,在接受任务时,必要的澄清与确认工作不能少,可以使用GDR沟通法。

第一步,你需要和领导澄清这次任务的目标(Goal)。

正如桃子所说,当经理安排她这项任务时,她应该首先问经理:"请问您要这份数据是做什么用的? 有没有特别需要交代财务的地方? "

桃子设想经理可能这样回复:"哦,公司内部用的,过两天开会测算各部门的绩效情况,你跟财务说,就要最真实的数据就好。"

这番话,道出了这个任务的目标——真实与及时。

第二步，你需要和领导确认完成时间（Deadline）。

"那么，这份数据大概什么时候要呢？我好提前和财务沟通。"桃子觉得后面可以这样说。

这时候经理可能告诉她："三天后开会用，但最好提前两天要来，我们可能需要进行补充。"

第三步，确定时间之后，再和领导细化具体要求（Requirement）。

"您刚才说，需要数据真实，还有其他要求吗？"桃子可以这样问。

经理可能会回答："当然，最好有个分部门、分项目的分类汇总，这样看起来一目了然。"

"明白了，也就是最好分部门分项目汇总是吗？"桃子需要再问一句，"那么这项汇总是让财务做还是我们自己回来做呢？"

"让财务提供数据就好，汇总工作我安排其他人做，这两天财务也忙，恐怕没空做。"经理也许这样回答。

### 三、改进后的表述是怎样的

经过前面的梳理，这件事情改进后的表述是这样的。

人事部需要财务部下班前提供一份去年各部门费用明细，要求真实及时，不需要做任何加工，拿回来之后由人事经理安排其他员工对数据进行分类汇总，为三天后的会议做重要的数据参考。

事情明确到这个程度，桃子再把这件事情和老会计一说，对方就很清楚要怎么做了，也很容易在规定的时间内提供给他们需要的数据。

桃子咨询结束后，表示学到了很多。如今她的反馈表明，她在沟通方面无疑取得了很大的进步，这让她后面的工作顺利了很多。

下面我们来回顾一下沟通的关键。

一个前提：良好的关系是沟通的重要前提，在和他人首次沟通时，一定要注意关系的构建。一个工具：善用GDR工具，澄清任务原委，达成有效沟通。

结论：遇到工作不顺心时，需要具体问题具体分析，不要冲动行事。通过专业人士的帮助，梳理问题的实质，并运用一些实用的建议或方法渡过这一难关，让自己的职场之路更加顺畅。

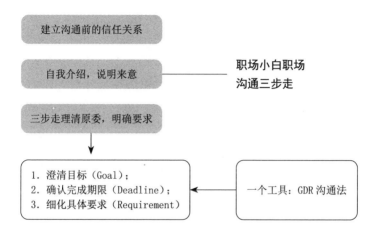

# 一个有效的沟通利器——黄金思维圈

最近这段时间，我接触到很多咨询者，他们在咨询前都抱着辞职的念头，可当咨询结束之后才发现，他们的困境根本不是辞职能解决的，而是沟通层面出了障碍。

不论在职场还是生活中，很多人面对沟通问题总是备感束手无策。今天就向你介绍一个超级好用的沟通工具——黄金思维圈。

## 一、小丽的困惑：这个客户太刁钻

小丽不久前刚应聘到心仪的一家汽车4S店做销售员，试用期三个月。

就在这三个月期间，她接待了一位顾客，这位顾客上来一句话就是："我想要一辆便宜的车。"

小丽听闻，就带着这位顾客介绍了几款他们店里便宜的车。

顾客听了她的介绍之后，又抛出新的问题——

"这款车如果以后出现了磨损，它的维修费是多少？"

"这款车耗油情况如何？"

"后期在使用过程中，会不会遇到意想不到的情况？"

等等。

一个上午，小丽使出浑身解数，应对这位客户的每个问题。然而当问题解答完之后，这位客户还是摇摇头，说再去别家看看，小丽顿时沮丧极了。

　　她把这件事情告诉了其他业务员，老道的业务员拍拍小丽肩膀说："没事，以后这种事遇多了，就见怪不怪了。"年轻点的业务员会义愤填膺，替小丽打抱不平："别灰心，这种客户活该买不到车，又要便宜又要性能好，天底下哪有这么好的事儿？"

　　眼看实习期结束在即，小丽的业绩实在堪忧，她焦虑极了，无意中看到了我的文章，就鼓起勇气前来咨询。

## 二、一张图揭示沟通无效的症结

### 普通人的沟通模式

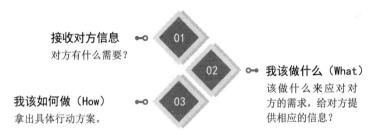

接收对方信息
对方有什么需要？

我该做什么（What）
该做什么来应对对方的需求，给对方提供相应的信息？

我该如何做（How）
拿出具体行动方案。

　　这种沟通模式是我们习以为常的方式，但很遗憾的是，这种沟通模式往往是无效的。

　　为了便于说明，我举一个生活中常见的情景。

　　"亲爱的，我最近烦死了，你说我要不要和他分手？"某一天，你的闺蜜向你吐槽说。

　　你已经接收到了闺蜜的信息，似乎她在纠结该不该分手这个问题。

　　按照上图揭示的常见沟通模式，接下来，你就会思考你该说什么以及怎么说的问题了。

　　第一种解答：

　　"亲爱的，你的心情我非常理解，但是这毕竟是你们两个人的事情，我实在不好插手。"回答完毕，你不禁为自己的冷静与理智暗暗叫好。

　　"哎哟喂，你是不是我闺蜜啊？我现在遇到了这种困境，你居然还打官腔？快说，我到底要不要和这个人分手！"闺蜜似乎更生气了。

你很尴尬，是不是？

第二种解答：

"我早和你说过的，这个男人一点也不靠谱，论家境论实力都完全配不上你，真佩服你还能和他拍拖这么久。依我看啊，你们早该分了！"你直言不讳地说出了自己的观点。

你的闺蜜眼含泪水："没想到全世界的人不理解我就算了，连你也和他们一样！"

你再想解释下去，发现对方已经把你拉黑了。

你很"蒙圈"，对不对？

之所以用这个小例子，主要是想阐述这么一个事实，那就是，一般人习以为常的沟通模式恰恰是存在很大问题的。在实际中，这种沟通模式往往也被证明是无效的。

回到小丽的例子上来，小丽在和这位客户的沟通中，也犯了一个错误，那就是她只是在不断地接招，遇到一个问题解答一个问题。然而客户真正的疑虑和问题，小丽并没有充分挖掘出来。

## 三、黄金思维圈

### 1. 什么是黄金思维圈

所谓黄金思维圈，其实就是"黄金圈法则"。

这个法则出自一个叫西蒙·斯涅克的作家，因发现了"黄金思维圈"而出名。这个法则揭示了这个世界上为何有的人比其他人更有影响力，为何有的产品深受客户喜爱，为何有的老板就是比你当得出色。

同样地，在人际沟通中，我发现"黄金思维圈"更是一款强大的沟通利器。它能迅速帮你找到对方没有说出口的真正问题与诉求，而一旦澄清了问题本身，很多问题就迎刃而解了。

黄金思维圈

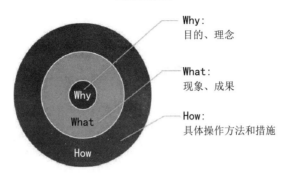

Why：
目的、理念

What：
现象、成果

How：
具体操作方法和措施

### 2. 80%的沟通无效源于没有澄清问题

我向小丽现身说法，试图帮她找到沟通的关键症结所在。

我告诉小丽，来我这里咨询的很多人，在咨询前填写的咨询诉求是"要不要辞职"。而作为一名咨询师，如果我将这个诉求当真，一味引导对方思考下一步应该怎样做的话，无疑从一开始就走入了误区。

如果对方下定了辞职的决心，根本不需要我去引导他思考，正是因为对方隐藏了很多潜在信息，需要在咨询师的带领下挖掘出事情的本来面目，才能给出有针对性的解决方案。

澄清问题的一大利器，就是这个"黄金思维圈"。

它和我们普通人惯用的沟通模式不同的是，"黄金思维圈"会强调在你接收到对方的信息时，摆脱过去直接从"What"层面考虑的惯性，而是从"Why"这个角度，一步步帮对方澄清问题，这才是有效沟通的核心与关键。

小丽似懂非懂，我就以她的经历为前提，和她进行了一次情景重现，旨在向她揭示，如果使用"黄金思维圈"，使用后会发生怎样的逆转。

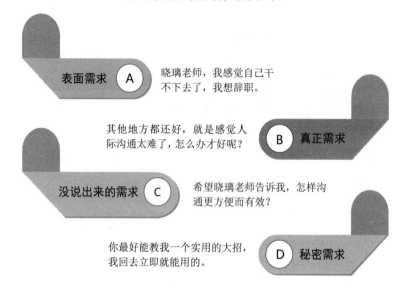

你听到的真的是对方的需求吗？

表面需求 A 晓璃老师，我感觉自己干不下去了，我想辞职。

其他地方都还好，就是感觉人际沟通太难了，怎么办才好呢？ B 真正需求

没说出来的需求 C 希望晓璃老师告诉我，怎样沟通更方便而有效？

你最好能教我一个实用的大招，我回去立即就能用的。 D 秘密需求

### 3. "黄金思维圈"职场应用举例

我们模拟了以下场景——

某一天，小丽迎来了一位客户，客户进店的第一句话就是："你好，我想买一辆便宜的车。"

运用"黄金思维圈"，小丽第一步需要考虑的是，对方为何会提出"便宜"这个点？

小丽不应该着急带着客户去看便宜的车，而是应该试探性地问对方："这位先生，您好。您是不是在担心，买到了一辆又贵性能又不好的车？您身边是不是有很多人都有私家车？"

这样提问，可以挖掘出这位客户的真实需求。

这位客户有可能会说："是的，身边好多人都有私家车，他们也给了我各种买车的建议。说实在的，我不想和他们一样，但也不能买错了回去被他们笑话。"

这样一来，这位客户之前没有说出来的诉求就明确了——不要买

到一辆不靠谱的车，让朋友们觉得我被坑了，这样我会很没面子。

"是啊，您说的很对，现在私家车越来越普及了。不过这私家车也在不断地升级换代，毫无疑问，新出来的车不论款式还是价位上，普遍比前几年好了很多。"

说完这番话，小丽应该留意客户的反馈，如果这个时候，客户说："我都到这个岁数了，早就过了追时髦的年纪，我就想找一款经典的好车。"

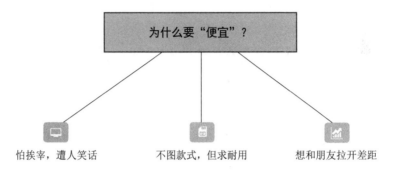

第二步，小丽就应该从"What"层面进一步和客户澄清，他认为的"好"具体包含哪些方面。

经过进一步确认，小丽一定会有新的发现。比如，她会发现，原来这位客户之前说的"便宜"，并不是指售价便宜，而是指性能好，日后用起来省油、省维修费、经久耐用。当然，他也希望4S店能给他提供更好的服务。

在明确了客户真正的需求之后，小丽再有针对性地介绍，亮出4S店的服务优势，这一单应该胜券在握。

第三步，如果需求进一步澄清了，但客户就是迟迟没有行动，这个时候小丽就应该从"How"的角度考虑，如何临门一脚，促使客户下单。

在进一步明确客户要求时，有的客户会要求送很多汽车赠品，有的客户希望店里能帮他加装倒车辅助摄像头，等等。小丽可以向销售经理求助，由销售经理出面谈判，促进成交。

经过这样的梳理，小丽感觉思路清晰多了。

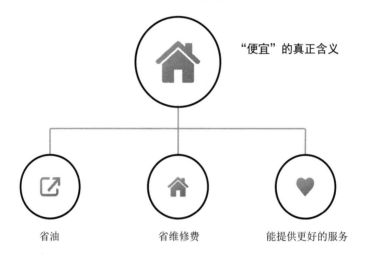

"便宜"的真正含义

省油 省维修费 能提供更好的服务

## 四、生活应用：如何回应闺蜜的困惑

那么在生活中，如何灵活运用"黄金思维圈"呢？

回到前文闺蜜的案例中，如果闺蜜告诉你，她最近郁闷得不行，正想着要不要和男友分手。

第一步，从"Why"的角度帮助挖掘，她的想法是如何产生的？

"哦？听起来你确实很苦恼。是不是最近出了什么事情啊？能具体说说吗？"

如果闺蜜不愿意说，这个话题就此打住；

如果闺蜜愿意倾诉，她就会一股脑儿把事情的来龙去脉全盘托出。

第二步，从"What"的角度帮她确认，有没有到分手的关键时刻？

整个过程中，你不需要给予任何建议，只需要做两件事：一是确认她的情绪，二是重复她的大概内容。

"是的，听起来这件事确实让你很恼火。也是哦，当着那么多人的面说那些话，确实挺让人生气的。"

接下来，你的闺蜜就会一二三对男友进行一番分析，以确认自己是否到了非分手不可的地步。

第三步，从"How"的角度给她赋能，让她感受到友谊的温暖。

前面的分析完成之后，此时闺蜜应该有了自己的主意。

这个时候，你只需要说一句话就好："看来你已经有自己的主意了，恭喜你。不论你做任何决定，我都会站在你这一边，给你提供无条件的支持。记得，要美美的。"

## 简单实用的PREP法则

不知你有没有这样一个困惑：也许你能力很强，做得也很多，但总是不如一些"会说话"的人升职加薪来得快。

卡耐基先生曾经说过，一个人的成功，知识技能和沟通技能同样重要。

越早掌握职场说话的本质和方法，越能让你少走弯路，尽快完成职业晋升与发展。

我结合自己在咨询领域的经验，总结出一些职场实用技能。这些技能并不是一时性的，它们经得起时间与实践的检验。它们由真实案例总结而来，可以为你提供切实可行的解决思路、工具与方法。

我希望这些技能帮助大家达成两个目标：第一，无论从事什么行业与工作，你都能收获不少于5年管用的、可广泛适用的技能；第二，即使你初入职场或即将踏入职场，也能看懂这些方法与技巧。

本节将着力解决以下三个问题：

（1）职场中，你是这样说话的吗？

（2）真正高效的职场沟通是怎样的？

（3）如何用一个简单实用的职场沟通法则，让你摆脱职场沟通的窘境？

职场中，你是这样说话的吗？

此类困惑常常出现于职场新人那里。当然，那些一帆风顺、没经历过职场大风大浪的"职场老人"也时常会有这样的苦恼。

不得不说，这源于我们的应试教育和职场严重脱节。

举个简单的例子，在学生时代，老师教给我们的表达逻辑往往是这样的——

一个班共有30名学生，已知男生人数是女生人数的两倍，请问该班有多少名女生？

是不是感觉很眼熟？

我们通常是怎么回答的？

答：从题目得知，由于男生人数=2倍女生人数，则男生人数+女生人数=2倍女生人数+1倍女生人数=3倍女生人数=30，所以女生有10人。

这种表达方法，叫作"演绎法"。

演绎法是从前提条件开始，从事物的前因后果出发，通过逐步推导得出结论。

这种表达方式一旦形成思维定式，在职场中就会变成这样的说话方式——

"经理，客户C想要和你预约下午三点的时间，他们看了我们的交货单，觉得有些问题，想要和您当面沟通一下。所以您看您要不要和对方约见，我好给对方一个回复。"

如果你是领导，你认为这样的汇报效果如何？你会认为这样的下属得力吗？

毫不夸张地说，80%以上的人都是在用这样的方式和上级沟通，看起来很有礼貌，也遵循我们上学时反复练习的"演绎式"表达逻辑。但是这样的沟通，效果真的好吗？

第一，它无法让领导做出决定。

领导听完了这段汇报之后，并不能依此做出是否要留出下午三点的时间给这位客户的决定，因为这位下属只是把对方的原话重复了一遍，并没有对这些信息进一步澄清与筛选。

第二，信息不完全。

如果领导需要做出决策，可能还需要进一步了解：这个客户到底存在哪些问题？这些问题是否必须通过当面沟通解决？为什么要留出时间当面沟通？这个客户是否还有其他的动机？

第三，作为领导，最担心的是事情陷入无法控制的局面。

如果这个客户醉翁之意不在酒，只是打着交货单的幌子当面提出其他条件和要求，我方在毫无准备的情况下很容易无力应对。在商业谈判中，这是一个大忌。

综上所述，这样的陈述并没有给领导提供任何有价值的信息，领导面对这样的汇报时，通常会对这位员工说："你再去调查一下，看对方到底是什么问题非要当面沟通不可。"

如果这位员工一直是领导指一步动一步，如此反复，每次都会被领导问得哑口无言。天长日久，这位员工就会挫败感重重，而领导也深感下属不得力。如果这时候出现另一位懂得说话的下属，很快就能分出高下。

真正高效的职场沟通，绝不能完全遵循演绎法。不难发现，演绎法的沟通方式有个最大的弊端，就是无法在短时间内将必要信息传达给对方，它常常显得迂回而无效，严重影响信息传递的效果。

真正高效的职场沟通是怎样的？

同样一件事，如果出现另一位懂得沟通的下属，往往会这样表达——

"经理，客户C要和你预约下午三点的时间见面，但我认为这事不靠谱，打算予以回绝。第一，经过了解，对方所谓的交货单出了问题，其实是销售人员的操作失误导致的，我已经通知了销售部，很快就能给出答复；第二，根据销售部的反馈，这家客户最近总是在想办法拿到我们的最低供货折扣，我们公司对于折扣有明确的供货量标准与要求，但对方似乎心存侥幸，希望走捷径拿到最大的优惠，所以他们这次约见，并不排除这种可能；第三，鉴于您的身份，由您直接回应并不妥当。这次约见很突然也很可疑，我想以您事务繁忙为由，给对方打个电话回复一下，同时看能不能进一步询问到对方真实的目的。不知您认为这样的处理方式妥当吗？有没有什么需要进一步交代的地方？"

如果你是这位经理，当面对这样沟通的下属时，是不是感到整件事情就清晰多了？

我们仔细对比一下，后者和前者的沟通有什么不同？

最明显的不同就在于，后者的沟通是先说结论——

他先说出了一个结论，就是"认为这事不靠谱，打算予以回绝"。

接下来他阐述了三个依据，一是交货单问题是怎样产生的，该如何解决；二是客户近期的动态及可能潜藏的其他动机；三是领导的身份不方便处理此类事务。

最后他又强调了结论，并给出了具体解决办法。

所以在职场中，真正有效的沟通要做到这四个字——结论先行。

这里介绍一个简单实用的职场沟通法则——PREP法则。

PREP由以下英文单词的首字母构成——

Point=结论

Reason=依据

Example=具体事例

Point=强化与重申结论

在上述案例中，那位会沟通的下属采用的就是这个模式。

如果运用PREP法则介绍本节，大致是这样的——

"本节的目的是希望大家掌握通用的职场沟通技能和方法，这些技能具有普遍性，不分行业、不分时间，都能发挥作用。

为什么沟通技能在咨询行业中尤为突出呢？首先，相比其他行业，咨询行业能学到系统的沟通方法论；其次，这些方法已经被运用到很多咨询者身上，并给他们带来了切实的变化；最后，这些提炼总结出来的方法已经让很多人受益。

比如，PREP方法就是一个简单易掌握的方法，这个方法是指……"

在职场中，要想练就高效的沟通能力，首先要改掉想到什么就说什么的习惯。

不论想要表达怎样的观点，请在脑海中用PREP法则整理一遍，从结论说起。

其次，遇到提问时千万不要不假思索。

人在应激状态下容易焦虑，这个时候切记不要立即回答，应该思考几分钟，再给予回答。否则，过于急切的回应会让对方感觉你在应付，未必能取得预期的效果。

最后教给你一招实用的方法，那就是遇到自己无法回答的问题时，可以先请对方给你一两分钟的时间，用PREP法则在脑海中整理出思路，再从结论开始，回答对方的问题。

职场沟通能力并非与生俱来，需要后天练习。

很多人认为，自己在职场中不擅表达是个死穴，他们不敢也不愿踏出职场沟通的第一步。

事实上，通过本节分析你不难得知，职场沟通是有方法、有技巧的，和一个人天生是否喜欢说话并无太大关联。职场沟通考验的是一个人的学习和践行能力，以及做出改变的意愿。

## 在职场中运用故事思维

当你汇报完一件火烧眉毛的事情后，领导却反应平平，丝毫不为所动。

当面试官让你聊聊自己时，你一下子手足无措，不知该如何应对。

很多职场类的文章，无一不在告诉你数据的重要性。可当你真的有理有据地向领导分析一件事情的时候，对方始终眉头紧锁，到头来你的方案依然被否。

为什么？

难道口口声声说的以理服人，在职场中反而行不通吗？

### 一、道理型职场沟通模式

娟子在一家公司从事财务工作，她兢兢业业做了七年，刚被提拔为会计主管。让她颇感郁闷的是，每次向总经理汇报工作，经理总是不置可否，似乎根本就没意识到问题的严重性。

到底是经理的理解力有问题，还是自己的表达有问题？如果是前者，自己就该考虑去留的问题了；如果是后者，又该如何提升自己的表达能力呢？

在咨询的开始，我让娟子演绎了一次她之前的沟通模式，大致如下——

"王总您好，我分析了公司近一年的财务数据，调研了同类行业上市公司的年报数据，发现了一个重要的问题，那就是我们公司有很多支出冗余，比如各车间的研发成本有浪费的情况，导致新产品无法形成价格优势，在市场开拓阶段成为公司一个不小的障碍。这是相关的报表，您有空可以看一下。"

这段话看起来很有逻辑，基本上能表达出娟子想要阐述的重点，可经理听完这段话之后反应平平，最多一句"哦，我知道了"就再也没了下文。

到底是哪里出了问题？

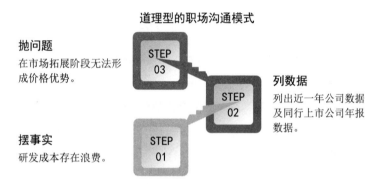

**道理型的职场沟通模式**

**抛问题**
在市场拓展阶段无法形成价格优势。

**列数据**
列出近一年公司数据及同行上市公司年报数据。

**摆事实**
研发成本存在浪费。

STEP 03

STEP 02

STEP 01

经了解，娟子的经理是销售出身，这样的沟通表面上看起来似乎没什么问题，但细细剖析存在以下潜在问题：

（1）无法让经理认识到问题的重要性，这种方式更像是平铺直叙，理性有余，但无法引起听者对这个问题的兴趣和关注；

（2）没有给出可付诸实施的解决方案；

（3）没有击中经理的痛点，整件事情更多的是站在财务角度考量。

## 二、逻辑和数据，常常败给故事

其实在职场中，真正厉害的说话高手都特别擅长讲故事，在原本枯燥的职场沟通增加了故事的元素，让沟通如虎添翼，往往能够达到预期的效果。

那么，故事思维到底是怎样的呢？

为了方便说明，我们以牛郎织女的故事为例。

牛郎织女的故事之所以让人记忆深刻，首先是因为这个故事存在强烈的冲突，那就是牛郎织女彼此有意，但惨遭以王母为代表的家庭势力的阻挠。如果织女不曾看上牛郎，或者牛郎看不惯织女，这个故事就没有这么动人了。

所以，冲突是一个好故事最重要的组成部分。

如何制造冲突呢？

冲突=美好的愿望+残酷的现实。

牛郎织女有着美好的"你耕田来我织布"这般夫妻恩爱的梦想，然而现实中两人存在着巨大的阶层鸿沟，这就是冲突。只有美好的愿望没有现实的残酷，或者只有残酷的现实没有美好的愿望，都不能构成所谓的冲突。

有了冲突之后，这个故事基本上就有了看点。后面随着情节的继续推进，一定会涉及具体的行动，以及这个行动之后的结局。当然，为了打动人，必不可少的要素就是情感。

后面就有了王母划了一道银河将他们分开（行动），导致两人痛不欲生、肝肠寸断（情感）。王母动了恻隐之心，同意让牛郎和孩子们留在天上，每年七月七日相会（结局）。

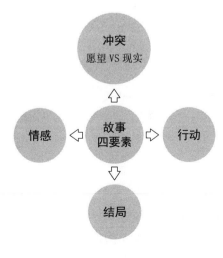

在职场沟通中，运用故事思维有这样几个好处：

（1）良好沟通的前提是建立信任关系，而说理的方式不容易建立人与人之间的链接，无法构建良好的沟通前提。

亚里士多德曾经说过："我们无法通过智力去影响别人，情感却能做到这一点。"

所以，适当地站在对方角度营造冲突感，更容易引发对方的关注。

（2）一个好的故事一定要有具体的行动。同样地，如果只给领导汇报问题而没有具体的解决方案，这种被称为"未决问题"，无疑从沟通效果上会大打折扣。

（3）这个行动引发的结局最好能够具体化。这样领导才会对这件事情的必要性有充分认知，才会认为你提到的问题是关键且必要的，至少会认为你是经过认真思考的。

（4）在职场中，情感要素可以适度使用，但不可滥用，如果用不好，可以舍弃不用。

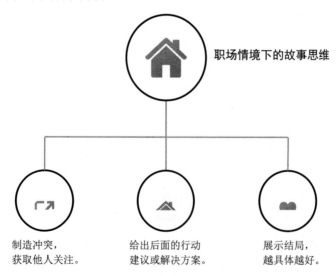

职场情境下的故事思维

制造冲突，
获取他人关注。

给出后面的行动
建议或解决方案。

展示结局，
越具体越好。

根据这个模型，我们分析娟子的那段阐述，没有冲突，没有解决方案，也没给出具体的结局，只有问题、问题，还是问题。

如此汇报，又如何能够打动领导甚至获得领导的支持呢？

### 三、优化后的汇报方案

后来，娟子想到了很多关键点，我们将这些信息融合故事思维，做出了这样的汇报方案——

"王总您好，诚如您上周开例会强调的那样，公司想要达成今年的利润考核指标，一方面要提高销量，一方面要降低成本。然而，目前公司研发成本过高，导致很多新产品在试销阶段缺乏价格优势，推广受阻；同时过高的成本导致公司连续3个月利润跌至历史最低，着实堪忧。"（点评：汇报方案切中了对方的痛点，总经理要完成股东的利润考核指标，这是美好的愿景。但现实不容乐观，研发成本过高导致新品因价格问题推广受阻，同时过高的成本拉低了公司利润，出现了历史最低水平。于是，这就构成了一个强烈的冲突。）

"因此，我建议发动研发部、生产部、采购部等相关部门开一次会议，一起商讨问题的解决方案。数据分析工作我都准备完毕，并且也想到了几个提议，还需要和其他部门进行协商确认，如果能够把研发成本降低10%，我们的利润就可以提高25%。"（点评：汇报方案给出了可实施的方案并对结局进行了具体化的呈现，将研发成本降低的幅度与利润提高幅度进行了匹配，让经理认识到这个问题的迫切性及重要性，就不难获得经理的支持了。）

要知道，公司领导每天都要处理各种事务，所以只能挑最重要的予以解决。而如果你无法将问题阐述得清晰有力，无法将你找到的问题和对方的需求进行关联，领导是不会意识到问题的重要性的，他也不明白要给予你怎样的支持。于是你辛辛苦苦提了很多建议，但很少得到正面回馈。长此以往，你的信心难免受挫，特别容易做出错误的决策。

3个月之后，我的助理收到娟子的反馈，她将这个思维运用到了自己的工作中，取得了不错的效果，领导也越发器重她了。

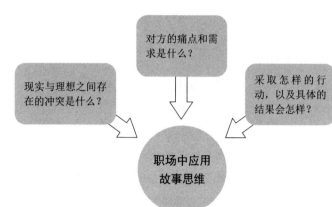

## 学会拒绝，用专业说话

如果你无法诚实面对自己，你将永远无法有所作为。

你正在为自己的工作忙得不可开交时，领导突然让你去做一件紧急但不重要的事，你皱了皱眉头，心里尽管有一百个不愿意，但还是硬着头皮答应了；你好不容易将手头的事忙完了，正打算喘口气休息一下，同事突然跑来，让你帮他一个忙，你迟疑了片刻，还是无法拒绝他的恳求，就过去帮了一个忙。也不知道从什么时候开始，你就变成了大家眼里的"老好人"、单位的"万金油"，你每天很忙，工作安排越来越乱，你的节奏总是被突然的任务打断，周围充斥着数不清的临时任务，你痛苦而无力，却又不知如何是好。

类似的情况无处不在。

其实你心里清楚，或许还有些恨自己，可就是不知道为什么，当别人向你发出请求时，你总是难以拒绝。

拒绝这件事情，对职业发展十分重要，如果不是不得已，谁想成为那个忙而无功的"万金油"呢？

但问题是，拒绝肯定会让人不快，如果缺乏拒绝的勇气和技巧，我们的工作迟早会陷入异常被动的局面。作为职场人士，我们该如何学会拒绝呢？

一

一个艳阳高照的午后，咨询者小朵千里迢迢来到工作室。

　　小朵穿着一袭白色的长裙，面容清瘦，扎着利索的马尾，从远处走来，像是白色的水仙，美丽优雅却掩饰不住淡淡的忧愁。

　　翻开小朵的履历，不难看出这是一名品学兼优的好孩子：从小到大，她的学习成绩一直位于班级前几名，大学期间更是拿下了英语和会计的双学位；大学毕业后，经过笔试面试等严格筛选，小朵被录取到一家令人艳羡的事业单位任职。

　　一时间，她成为父母口中的骄傲，更成为街坊邻居拿来教育自家子女的"别人家孩子"。

　　然而不到两年的时间，小朵却感觉越来越糟了。

　　经过几十分钟的沟通，看得出来小朵是一个善良的好姑娘。由于从小到大成绩优异被同学孤立，小朵在人际关系方面中显得无力而迷茫。在工作中，对于领导临时安排的任务或者是同事的请求，小朵基本上"来者不拒"——不是因为她不想拒绝，而是不懂得该如何拒绝。

　　她害怕如果拒绝，领导从此就不器重她了，同事就彻底孤立她了。她更害怕的是，如果拒绝，自己会不会在这个单位被边缘化，变得越来越无足轻重。

　　小朵不懂得拒绝的分析轮廓在我脑海中渐渐清晰起来，我需要进一步确认和梳理的有：小朵的性格特质、价值观、动机、能力及过往经历；小朵目前的工作角色以及外部环境。

我给小朵讲了一个故事。

我遇到一位很特别的咨询者小萌。她有一个很厉害的地方，就是敢于拒绝。

小萌告诉我这么一件事。

那个时候，小萌刚参加工作不久。她是学生物的，也特别喜欢做研究。去了单位之后，如愿以偿做起了科研工作。她一度对这种工作状态很满意，每天对着一堆研究数据自得其乐。

有一天，她去财务部报销某种试剂的采购款，正好碰上了老板。老板对她说："我马上要出差，手头正好有个报告没写，你是硕士研究生，写报告应该轻而易举，我让秘书把报告发给你，你看着帮我写一下。"

小萌怔住了，根据她的描述，当时她的内心是崩溃的，于是想都没想就脱口而出："老板，这使不得呀。我一个理工生，你让我做做实验、写点研究报告没问题，但像你写的报告，你就是给我一万个小时我也憋不出来呀。"

老板说："那就不为难你了，我再找找其他人。"

从此，这件事在单位传开了。大家都觉得这丫头挺有意思，要换成别人，即便不会写也会硬着头皮答应啊。当然也有人替她捏了一把汗，这样直接拒绝老板，以后该不会被穿小鞋吧？

"明明不会也不想做，揽下来不是为难自己吗？"小萌说。

果敢、直爽是很多人对小萌的印象和共识。

其实，这就是小萌可贵的地方。首先她能客观地认知自己，其次敢于诚实地表达自己，最后还能找到自己的拒绝方式。

小萌后来向老板说明了自己的职业规划，不仅没有坐冷板凳，反而被老板重用，成为研发部门的骨干。

　　小朵听完这个故事若有所思，很快意会了其中的微妙："我觉得小萌是一个很清楚自己的人，其实我之所以不敢拒绝，就是因为不清楚自己是谁，处在什么位置，这么做对我会有什么影响。"

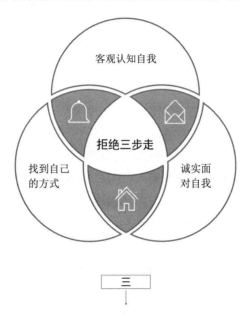

　　然而小朵和小萌不同。

　　小朵的童年是在奶奶家长大的，父母忙着在外面奔波做生意。小朵从小就努力学习，希望用优异的成绩去换取父母的认可与关注。

　　在小朵上高中的时候，受大环境的影响，父母的生意渐渐不景气了，很多账收不回来。小朵的母亲成天提心吊胆，于是一遍一遍地对女儿说："你长大了千万不要做生意，找个稳稳当当的工作，就是对我最大的孝顺了。"

　　上了大学的小朵谨记母亲的教诲，很努力地学习，考虑到学英语可能不太好找工作，又修了一个会计学的学位，毕业之后考上了这家事业单位。

　　通过层层梳理，小朵的特质渐渐展现了出来。

首先，小朵是一个偏内向的姑娘。

从小缺失安全感，让小朵在人际关系方面颇为敏感，能够敏锐察觉到别人的态度与微表情。一旦对方流露出对自己不满的情绪，小朵就会感到自责与内疚。渐渐地她就不愿放开自我，和人相处总会有意无意地保持一定的距离。

其次，小朵是一个拥有亲和动机的人。

一方面，小朵害怕人际关系，另一方面，她又异常渴望人际关系。

其实，小朵之所以不敢拒绝，是因为内心有个声音——

"如果我拒绝了，对方会不会失望？如果对方失望了，会不会再也不和我接近了？因为本来我就给人感觉挺高冷的样子。"

害怕他人对自己失望，是小朵内心深深的心结。

另外，在小朵的价值观里，她觉得工作就是工作，未必非要符合自己的兴趣，何况自己好像也没什么兴趣。

所以，在小朵看来，一份工作能不能给自己带来安全感，有没有相对固定且熟悉的人际关系，以及宽敞明亮的办公环境，是最核心的三个关键点。

如此看来，体制内的工作是能够匹配小朵的价值观的，这一点没有问题。

最后，对自己的职业目标不清晰，让小朵分不清哪些事可以拒绝。

于是，我用了大概一个多小时的时间，通过对过往工作经历的梳理，让小朵去发现自己能够做好且能够给自己带来成就感的工作内容。经过进一步确认，小朵终于找到了适合自己的发展方向，她希望自己能够在某项业务中更加精通，成为业务能手。

四

"看来你现在清楚多了。不过你需要注意的是，因为你之前给人感觉很好说话，这个印象在其他人脑海中形成固定的认知，你现在会面临一个不小的挑战，那就是如何摆明自己的态度，慢慢地让大家知道，你是一个有原则的人。这个过程中的态度和方法很重要，既要表明态度，又不可过于生硬。"我提醒她。

小朵点了点头，她告诉我，其实在来之前，领导就找她谈过一次话，说目前单位可能会有一些变动，问她是否愿意调到另外一个部门。后者对专业度要求更高，难度也更大，她一直犹疑不定。

经过分析，小朵意识到这次调动对她而言是一次绝好的机会，她打算回去找领导谈一次，接受新的工作挑战与安排。今后，她需要主动安排好自己的工作，有意识地提升专业知识与能力，慢慢学会拒绝一些人和事，最终变成一位用专业说话的人。

"晓璃老师，我有个新发现，之前一直担心别人不认可，是因为自己不自信。我总以为要多为别人做事才能获得认可，现在才明白，其实我把方向弄反了。我需要向内寻，通过提升能力和专业度获得自信。我现在感觉轻松多了。我这个发现是不是太老套了，没有创意啊？"小朵笑了，像是盛开的水仙。

咨询结束后，我走出工作室。此时，刺眼的阳光已渐渐散去，洒向大地的，是一片温暖而柔和的余辉。

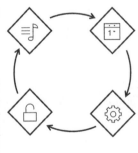

**1. 建立自信**

找一份能做好且能胜任的事情，做好它，建立自信。

**2. 确立目标**

从过往的职业经历中，找到自己的优势，并结合自己的特质，给自己制定职业目标。

**4. 找到方法**

在拒绝时，能否给对方提供一个替代方案？或者举荐一位更适合的人？或者想出其他解决办法？

**3. 学会取舍**

面对临时任务时，不妨考虑：是不是只有自己才具备帮忙的能力？是否契合自己的方向？如果这件事情变成了你的日常工作，能否接受？

# 第 6 章

管理情绪，让自己像个成年人

## 情绪控制

### 一、情绪的本质

通过很多职业咨询的案例我发现，真正意义上的情绪，通常具备以下两个特点：一是引爆得特别快，几乎不假思索；二是情绪导致迅速行动，理智在那一刻根本无法发挥作用，任由情绪压倒理智。

同时，当一些情绪向你涌来，你的身体会配合情绪迅速产生反应——

当你生气的时候，你会发觉血液上涌，同时心跳加快，面红耳赤；

当你恐惧的时候，你的大脑会一片空白，脸色惨白，没有一丝血色，同时有那么一刻，你的身体会呆住不动；

当你悲伤的时候，你动也不想动，仿佛瞬间丧失了生活的热情，日渐消瘦和颓废……

为何我们的人生会有"情绪"这种功能设置？"情绪"的背后到底藏着怎样不为人知的秘密？

根据哈佛大学心理学博士丹尼尔·戈尔曼的观点，所有的情绪在本质上都是某种行动的驱动力，即进化过程赋予人类处理各种状况的即时反应。

也就意味着，情绪隐藏着某种行动倾向。

在漫长的进化中，情绪指导着我们迎接困境与重任的挑战——

在面对险境时，我们往往会表现出恐惧的情绪，我们脸色苍白，那是因为头部的血液会迅速回流到腿部,方便我们迅速逃跑,同时我们会有一瞬间呆住不动,那是因为大脑需要思考是否应该躲藏以及往哪里躲藏;

在遭遇挑衅时,我们往往会表现出生气的情绪,血液会迅速流到手部,以方便抓取武器回击敌人,同时心跳加快,肾上腺激素增加,为强有力的行动提供充沛的能量;

在遭遇重大痛苦时,我们往往会感到悲伤,此时的我们无力做任何事情,那是因为悲伤会降低生命的能量与热情,放缓新陈代谢速度。低能量促使你待在一个相对安全的地方,比如回家,便于你度过这一段难过的时期,等能量回升后再开始新的生活。

所以,情绪机制是人类在经历了漫长的进化过程后固化的一种本能。在原始社会,这种本能让我们在面对突发情况时能迅速做出反应并得以存活下来。

然而问题在于,随着时代的发展,如今人类的生存处境再也不像原始社会那般恶劣,生存危机也没有那么严重,当这些因素消退时,人类部分情绪与情境的吻合度就会出现问题。

因此,如果一个人不经过后天刻意地学习和训练,将很难摆脱情绪的习气,很容易陷入情绪的陷阱,最终情绪失控。

## 二、道理都明白,可为什么还是容易失去理性

### 1. 情绪心理和理性心理

每个人都有两种心理:一种是情绪心理,一种是理性心理。

举个简单的例子。

一个咨询者曾经向我吐槽她的离职经历。

她说自己很明白,频繁跳槽对自己并没有太大好处,可她只要面对领导的责骂批评,就会情不自禁地感到委屈。

很多时候你对这样的场景并不感到陌生。理智告诉你应该要那样,但是你的表情或肢体语言往往出卖了你,比如眼里不经意闪现

出的泪花，比如嘴角边不易察觉的抽搐，这些都是情绪心理作用的结果。

这两种不同的认知方式互相作用，共同构建了我们的心理生活。

在面对一件具体的情境时，理性心理能带给我们清醒的意识，会思索，会做出得体的反应。除此之外，还有另一种冲动、毫无逻辑可言的认知系统，即情绪心理。

### 2. 情绪压倒理智，和人脑结构有关

在下面这幅图中，动物情绪中心就是我们的情绪脑，人类理性中心就是我们的思考脑。

脑干是大脑最原始的部分，也是情绪中枢的起源。经过漫长的进化，情绪中枢进化成思考的大脑，即"新皮层"。这种充满褶皱的器官位于大脑的最外层，思考脑从情绪脑进化而来，这就不难解释思维和情感的关系——情绪脑的出现要早于思考脑。

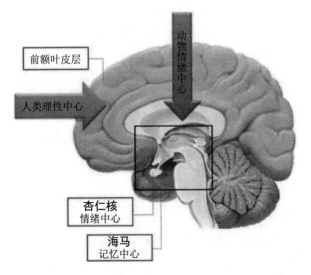

而人脑还有两个更重要的组织，一是海马体，一是杏仁核。

海马体的功能是负责记忆事实，杏仁核的功能则是负责记忆情绪。

比如，辨识眼前这个人是谁属于海马体的功能，至于你是讨厌还

是喜欢他，则属于杏仁核的功能范围。

一个社交能力正常的人应同时具备事实记忆和情绪记忆。

如果一个人的杏仁核损伤，这个人就会变得异常冷血，甚至"六亲不认"；如果他的海马体损伤，这个人就容易出现精神病人般的歇斯底里。

### 3. 情绪爆发的真相

情绪爆发的真相，是杏仁核将过去的情绪和现在的事实进行了草率的匹配。

举个极端的例子。曾经有这么一起案件，杀人犯受过恋爱创伤，他的女友特别喜欢穿红色衣服，于是这个人在遭受失恋的打击和重创之后，只要眼前出现穿红衣服的女子，他的杏仁核就会产生"匹配"——在他的记忆里，红衣服代表着被抛弃的伤痛，甚至代表着一个男性的耻辱。

于是，他的神经回路反应显得草率而粗暴，在没有确认全面情况之前就采取了行动。他拿起刀片，划向遇见的一个又一个红衣女子。

这就是情绪爆发的运作机制。

作为情绪记忆的仓库，杏仁核会根据过去的经验，与当前情境进行比较，只要发现当前状况的关键要素和之前的相似，就会产生"匹配"的判断，使得人们似曾相识的情绪再次袭来，并且一发不可收拾，这就是"情绪爆发"。

这就是为什么很多人道理都懂，但一遇到具体情境和问题时，依然不假思索、冲动行事的原因了——大脑接收到来自杏仁核发出的匹配判断，在没有全面认知情况之前，就采取了草率的行动。

这就是情绪让人惊叹的威力所在，它先于思考做出判断，继而引发迅速草率的行动。

## 三、提升情绪自控力最常见的方法

提升情绪自控力主要有以下三种思路。

### 1. 通过改变行动来延迟情绪冲动

它的原理是这样的：既然情绪能引发身体上的生理反应，反过来，在一个人并不具备强大的思考力之前，调整身体状态有助于延迟情绪的冲动。

例如人们熟知的深呼吸，采用的就是这个原理。

### 2. 更新情绪认知，用新办法解决新问题

比如，在遇到领导批评的时候，如果这个人曾经有过受挫的糟糕体验，那个时候他采取了逃避的方式结束了这种痛苦的体验。然而，当他再次遇到类似的场景时，杏仁核就会将固有的经验匹配当下的情况，让这个人继续做出逃避的反应。

这就是很多人为何会出现"跳槽上瘾"的原因所在。

想要改变这种情绪惯性，你可以采用第一种方式，然而在情绪的冲击下，你的身体往往并不听你使唤，所以类似深呼吸等方法很难产生真正的作用。

最好的办法还是刻意学习。比如这个时候你可以通过学习心理学或者参加心理工作坊，认识情绪背后的根源，重新对过往的经历进行梳理，同时运用心理学的一些方法，改变自己对过往经历的认知。

这样一来，杏仁核即便想要调动旧的情绪匹配当下的情况，由于你对过往经历有了新的认知，情绪上也会随之更新。如此一来，你就渐渐形成一种能力，那就是用新办法应对新问题，而不是任由情绪驱使，做出冲动的决定。

### 3. 强化思考脑的能力，习得新经验

要知道，在我们没有刻意学习新知识之前，所有的应对方式都会沿袭我们熟悉的经验模式。

比如，你曾经无比痛恨父母对你的批评打骂，你发誓等自己有了孩子，一定要精心爱护。然而，当你有了孩子，如果没有进行系统学习，当孩子做出一些无法达到你期望的事情时，你同样会用当年父母对你的方式对待你的孩子，因为相应知识的缺乏，你唯一能够拿来应

对的，只有这些旧的经验。

　　如果你能够有意识地学习亲子教育理论并用于实践，定会习得新的经验和方法，最终能突破情绪的障碍，改变旧的教育方式。

**02**

## 观点和情绪廉价，事实和过程贵重

### 一、为何你的情绪总是被他人左右

为何在面对具体事情的时候，我们的情绪总是容易被他人左右呢？

#### 1. 不会区分事实与观点

据说，在国外的教育中，幼儿园阶段老师们就开始有意识地教孩子们一个能力，叫做"区分事实和观点"。

而在我们的教育里，家长和老师们缺乏这种刻意训练，非但不能帮我们区分事实和观点，往往会将事实与观点杂糅在一起，给我们贴标签。

比如，我们常常听到这样的评价："成绩差的都是坏孩子。"

而成绩差的孩子，更不会区分事实与观点，所以会把这句话当真，感觉自己一无是处，对学习丧失兴趣。

这里的事实是"这个孩子成绩不好"，这里的观点是"我认为对一名学生而言，成绩不好就是能力差的体现"。

当你学会了这样区分，即便你是那个成绩差的学生，也不会愤怒无比，因为对方说的"成绩差"是事实，但至于"坏孩子"只是表明他的观点。

而所有观点层面的争论，除了特殊场合（比如辩论赛）外，其他任何时候都是耗费时间精力并且毫无实质意义的。

#### 2. 描述性、规定性问题傻傻不分

所有的论题大体有两个分类，一是描述性论题，二是规定性论题。

比如：蜂蜜是甜的吗？这叫做描述性论题，不以人的意志为转移。

而"你喜欢蜂蜜吗"则是规定性论题，没有标准答案，和个人看法有关。

我曾经遇到一位写公众号的朋友，一天她气呼呼地给我发了一段留言："晓璃，你说，我怎么总遇到这样的读者。今天我发了一条广告，结果就有读者给我留言说，'你现在越来越功利了，看来我要取关了'。我实在想不明白，我辛辛苦苦写原创，一个礼拜就发一条广告，怎么就功利了，真是气死我了。"

在这个场景里，"公众号要不要发广告""我要不要取关这个公众号"属于规定性议题。本身没有答案，公说公有理，婆说婆有理，和个人看法休戚相关，没有讨论的价值与必要。

在面对规定性议题时，关注结论本身没有意义，只会变成立场不同的相互攻击，我们需要关注的，其实是这个论证过程。

说完，那个朋友恍然大悟："原来如此啊。幸好当时在气头上没有回复对方，否则事情会越来越糟。"

### 3. 欠缺逻辑思维，是很多女性情绪问题的致命伤

普遍说来，男性比女性在情绪的把控上更胜一筹，原因在于男性更倾向于逻辑思维。任何一个结论，经过逻辑的检验之后，就能辨识真伪，从而减少不必要的争执与情绪失控。

比如"某某某是不是很虚伪"这个论题。

理由：虚伪的本意是虚假不实，指的是说一套做一套，某某某上次说要怎么怎么做，结果却压根不是这样做的。

结论：某某某很虚伪。

逻辑：给出的理由是否能推导出这个结论？在这个论题中。从文字上是可以得出这样的结论的。

论据/事实：某某某当时是怎么说的？有没有对话截图？后来他又是如何做的？有没有其他人证明？

如果依照这种思路，很多问题就不会引发情绪。然而，很多人听到"某某某很虚伪"这个结论时，脑海里冒出的全是情绪——

（1）哎呀妈呀，怎么这样？某某某看上去这么老实，啧啧，看来老实人不可靠呀！（以偏概全）

（2）天啊，竟然有这回事？我下次要离某某某远一点！（付诸行动）

（3）我就说嘛，你看某某某成天往老板办公室跑，一看就不是什么好人！（人身攻击）

（4）某某某何止虚伪啊，简直就是"心机boy"好么？（乱扣帽子）

…………

在如此思维模式下，你可能没有情绪吗？

逻辑漏洞的常见表现形式总结如下。

（1）不谈事只说人：无视事实，直接对他人发起攻击。

比如：这个人升职这么快？不就是长得好看吗？我看她八成和老板有关系！

（2）用情感博取注意力，制造恐慌。

比如：你不买这只口红，活该单身一辈子！

（3）以偏概全，以粗暴结论代替事实。

比如：柳青得了乳腺癌，一定是劳累过度导致的，所以"劳累=乳腺癌"。甚至发表这种文章，《你累你活该，得癌症你怕了吗？》《我懒无所谓，反正我没有得癌症！》

但是很可惜，没有一项证据表明，乳腺癌和劳累存在必然的关联。

以杭州纵火案为例，所有的文章中，不外乎以下类型——

（1）人身攻击。比如，有些文章并未直接阐述案件事实，而是一味断定保姆是小三，扬言这是一场情杀。

（2）用情感博取注意力，制造恐慌。比如，有些文章使用感情色彩强烈的语言分散人们对事件本身的关注，让读者直接忽视案件过程，比如《是你的善良成就了恶魔！》《你太善良，所以才会被坏人趁虚而入！》

(3)以偏概全,以粗暴结论替代事实。比如,一味指责当事人缺乏逃生经验,或者指责当事人亲朋好友夜里关机,所以物业没有任何责任,也不需要改善管理。这种非黑即白的片面逻辑,容易让我们一叶障目,陷入情绪的陷阱。

### 二、想要真正管理情绪,必须学会独立思考

1. 学会独立思考,你才能辨识逻辑漏洞,不至于陷入他人精心设计的陷阱里。

在当今时代,很多商家正是利用了人们的逻辑漏洞,精心设计了一个又一个消费陷阱,引起你的恐慌,从而为情绪买单——

"还不买这款包包?你是有多low!"(人身攻击,让你主动无视自己是否需要的事实);

"成功人士都偏爱这款包包,不甘平庸的你如何能错过?"(以偏概全:成功人士偏爱这款包,所以拥有这个包似乎就能成功);

"她苦了一辈子却惨遭抛弃:你不花钱,就有别人帮你花钱!"(诉诸感情,调动你的共鸣,让你为恐慌买单。)

2. 学会独立思考,你才能正确辨别他人的评价,不受他人左右。

比如领导批评了你:"你怎么搞的?这点小事都做不好,真没用!"

在这个评价中——

(1)事实:你没有按照领导的期待完成某项工作。

(2)观点:领导认为这项工作很容易,而你却无法完成,所以你"没用"。

(3)情绪:领导感到愤怒和失望。

你需要做的是——

(1)确认领导的情绪:看得出来,这次没能达到您的期望,让您生气了。

（2）澄清事实：我反思了一下，问题出在我没能及时领会您的期待。

（3）指出解决之道：为了避免出现类似的状况，我今后会和您将事情予以细化确认。

你不需要做的是——在观点层面和领导争执。例如，没有完成这件事真的代表"没用"吗？

记住，观点和情绪是最廉价的，而事实和过程才更具有价值。

想要真正掌控情绪，必须学会独立思考。

## 如何应对职场中的各类委屈

### 一、扛得住，职场才是你的

据说，美国西点军校有一项专门针对大一新生的"坚毅测试"，只是智商、情商达标还远远不够，还要看你的抗打击能力是否达标。

在职场中，我们会受到各种各样的委屈。有时候，在他人眼里不值一提的挫折却能把一个人完全击倒在地。

安安属于后者。

看见安安的第一眼，就能强烈地感受到她的不安与恐慌。五年的职业生涯对于很多同龄人是迅速成长的五年，而对于安安而言，职场却更像是一个危机四伏的丛林，你不知道什么时候就会蹿出一个不怀好意的人来对你不留情面地批评。

安安的职场起步并不低，大学毕业后顺利地进入一家五百强企业。然而好景不长，安安对于职场的憧憬很快就被冲击得片甲不留。原来，安安遇到了一位"异常强势"的领导。

安安清楚地记得，那一天早晨下着暴雨，安安赶到公司的时候已经迟到了，领导二话没说，直接给她开了一张100元的罚单，并在当天下午的会议上，对所有新员工进行了一番工作纪律教育。

从那次迟到事件之后，安安渐渐觉得这个领导对她心存敌意。

终于有一回，安安觉得再也扛不住了，第二天，她就递交了辞职信。

职场不是小说，更不是鸡汤文，安安后来的道路愈发坎坷不顺。五年下来，她的职场道路越走越窄。

## 二、委屈背后的心理运作机制

委屈之所以让人难以忍受，是因为委屈的背后常常伴随着他人的负面反馈。

接受负面反馈对有些人来说异常困难，因为这个过程触发了人的两种核心需求之间的紧张关系，那就是成长与学习的需求和渴望被他人认可的需求。

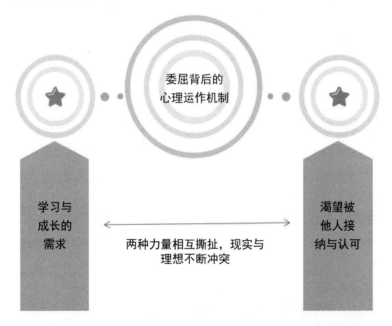

分析安安的案例，在面对批评指责的时候，她的心里有个声音是这样的："我这么努力这么拼命为何领导你视而不见？为何你的眼里只有我的不足？难道在你的眼里，我就这么一无是处吗？"

不难看出，安安的这种应对模式尚且停留在本能阶段。在本能阶段里，心理防御机制会不经意地占上风。

　　事实上，我们之所以会被负面反馈点燃内心的情绪，从而在冲动之下做出令自己后悔的言行，主要取决于三种诱因。

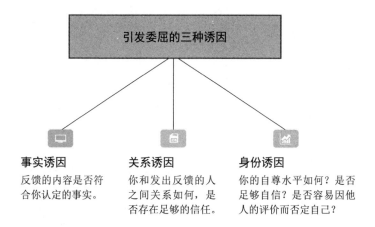

　　1. 事实诱因（Truth Triggers）

　　这主要来源于反馈内容。

　　也就是他人的反馈内容是否属实。如果对方评测的内容与事实不符，你就会觉得受到误解，从而感到备受委屈或愤慨。

　　2. 关系诱因（Relationship Triggers）

　　这取决于你和给予反馈的人之间的关系。

　　如果和你关系很好的朋友告诉你说，作为职场新人不要轻易迟到，你不仅不会感到委屈反感，而且还会感激这位朋友的善意提醒。

　　所以同样的反馈，你感受到善意还是恶意，很大程度上取决于你们的关系。

　　3. 身份诱因（Identity Triggers）

　　这和你的自我认知休戚相关。

　　无论对方说的对还是错，在一个高自尊的人那里，这些反馈不足以让他们感到自己被否定，也不大容易引发他们激烈的情绪反应。

　　相反，如果一个人的自尊感很低，他人的负面评价足以让他们的自信心或自尊感瓦解甚至开始怀疑自我，就很容易引发情绪的激烈反应。这个时候内心的防御机制被唤醒激活，无法冷静，并认定周围的人都对你充满了敌意。

经过分析，安安明白，自己在第一份工作中因为迟到被主管扣了100元钱这件事之所以会引发如此大的不安情绪，是因为以下三点。

（1）事实诱因：在安安的认知里，迟到一次并不算什么大事，不至于承受这样大的后果和损失。而在主管的眼里，安安的这件事正好引起了他的高度重视，并认为这是一次教育新人遵守劳动纪律的绝佳契机；

（2）关系诱因：安安和主管私底下并没有任何交情，平时安安也有意躲避主管，更谈不上做主动而积极的沟通了，因此她会认定主管这么做完全是针对自己；

（3）身份诱因：经过了解，安安从小到大的成就体验极少。在上学时代就属于"存在感弱"的一类学生，平时较少与人打交道，宁愿不发言也不想因为犯错被同学嘲笑。

更糟糕的是，虽然这件事过去了，但留给安安的心理影响由于缺乏及时的疏导，从而进一步泛化，以至于影响到了安安后来的职业生涯，表现在她只要感觉自己受到压力和威胁，就会情不自禁地想要逃离，最终逃无可逃。

### 三、如何应对批评

正如一部电影里所说的：你想要寻找自由，难的不是离开，而是留下来。

职场说到底就是一场历练，也是一个残酷的筛选过程，扛不住的人，最终会被淘汰出局。

所谓"玉不琢不成器"，任何一个领域的高手，无不是经过一段挨骂的历程。倒不是说他们天生就能扛得住，而是他们擅长从这些负面反馈中提取对自己有益的成分，从而取得更大的进步。

这种能力，被称为"接受反馈的能力"。

那么,一个真正的职场高手,到底是如何处理这些反馈的呢?

一般而言,反馈机制总共有六个层次,从上到下分别是系统、价值、信念、能力、行为和环境。

1. 负面反馈只关注逻辑层次的下三层(能力、行为和环境)

举个例子来说。

一个孩子最近的考试成绩有所下降,做父母的如果不问青红皂白直接把考试成绩下降这个事实和反馈机制的上三层逻辑层次关联,通常会说出这样的语句——

"你看你,这么简单的考试才考这么一点分,你真没用!"

注意,这句话里的反馈已经上升到孩子的价值层面了,直接以"考试成绩没考好"断定孩子"没有价值"。由于孩子缺乏足够的辨别能力,无法将情绪和事实分开,会认为考试考不好就等于自己没用,显然会给孩子幼小的心灵带来巨大的伤害,而且并不能引发孩子下一步改进自己的学习成绩的行动。

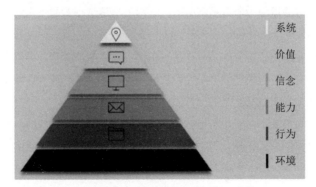

那么,如何表达负面反馈才能达到不错的效果呢?

还是举这个例子,如果孩子的父母这么说——

"你最近学习也很努力,但是这次成绩却不仅没有提升反而下降了,你觉得是什么原因呢?是不是感觉学习任务繁重,有些吃力呢?

会不会是学习方法出了问题呢？"

同样是负面反馈，但是这种反馈方式只是把成绩下降的事实停留在孩子的能力层面，不会挫伤孩子的自尊心，同时也能启发孩子反思，看到底是哪里出了问题，从而引发孩子下一步的行动。

而作为一名步入职场的成年人，没有谁再把你当孩子看，这时候你需要自己学着将他人的负面反馈主动调整到逻辑的下三层。

如果安安拥有成熟的心智，就应该想到，主管对她迟到这一事情采取的一系列惩罚行为，其实并不是针对她，而是和其他新员工迟到的行为相关。主管迟早要抓住一件事来教育新员工，而安安正巧在那天迟到了，恰好被当做了典型。

如果安安这么思考问题，又怎么会感觉到委屈呢？

## 2. 树立专业化的契约精神

有咨询者曾经问我一个问题，就是假如跟着大师做助手，会不会是个成长的捷径？

事实上，助理也好，秘书也罢，所做的事情都很琐碎，之所以不同的人做会产生千差万别的结果，是因为越是这种看起来人人都能做的工作，对契约精神的要求越高。

你会发现，同样的助理或秘书工作，有人就能深得领导器重，从而平步青云；有人却屡屡受挫，从而产生畏难情绪，认为这种工作并没有什么升职空间。

其实根源不在于从事什么样的工作，而在于你是否能够做到足够专业化。

而专业化的一个重要体现就在于，不过多地让自己的情绪和私生活影响到工作，即便有些影响，也能迅速察觉，及时调整心态，回归到正常的工作状态中。

## 3. 职场如战场，多动脑子才能少受气

事实上，每个人在选择一份职业的开始，就需要想明白自己的职业目标和诉求。

你为何要选择这份职业？你最看重这份职业里的什么因素？是希望通过这份职业提升能力，还是看重这份工作给你提供的待遇以及舒适的环境？

只有想明白自己的初心，才能静下心来接受来自领导及同事的负面反馈。

职场中的多数委屈无非来自，你认为自己做的是对的，但领导或同事却说你做得不对。即便最后证明确实是你做得不对，出于自我防御机制，你更倾向于找很多外部因素为自己开脱。

### 四、学会接纳不同的声音

两个具备同样高智商及高情商的人，接受反馈的能力可能不同。有的愿意从领导及同事那里寻求更多的反馈，从而找到自身的差距和不足；有的却感觉到本我受到了威胁，无法听取不同的声音。所以两个人在职场中的发展路径会随着时间的推移产生巨大的差距。

要知道，批评从来不会悦耳，如果你下定决心从这些批评中汲取有价值的信息——那么你的成长无人可以阻挡。

# 不要让收入决定生活

很多时候，不必等到一切准备就绪，才开始享受生活。

最近这段时间，我接到很多例职业咨询都指向一个共同的地方，那就是收入。

在很多人看来，唯有提高收入，才能谈及生活。

我能理解每个人的焦灼与不安，尤其是今天这个时代，有些人为了传播效果，会写一些绝对化的攻击与评判文章。这背后的逻辑其实叫做"单因素模型"。而所有单因素模型都会导致我们认知窄化，有的时候，甚至会让你感到深深的无力与绝望。

谁规定说，一定要准备就绪才能开始享受生活呢？

在这次国庆假期，M千里迢迢来到预约地点，她说，这次一定要做个决断，因为时间不等人。

M目前面临着一个职业抉择：是接受亲戚的推荐从事一份自己不喜欢但收入不菲的工作，还是去做一份自己渴望但工资不高的工作。

"收入"成为M最大的障碍与纠结所在。

"晓璃老师，本来我打算遵从内心的意志，选择工资不高但喜欢的工作，但最近看到那个'年纪越大，越没有人会原谅你的穷'系列海报，我又开始动摇了，感觉上面说的就是我……"M向我诉说着这些年来自己的迷茫与困惑。

如果你陷入了"单因素模型"陷阱，认为只有通过提高收入才能过上想要的生活，多年过去，当你发现自己无法获得高收入，可能会感到深深的绝望。

几年前我也来到了人生选择的十字路口。

从收入的角度来说，继续在原单位待下去似乎更有保障，但未来发展的希望渺茫；而如果重新开辟一条路，能走成什么样又能获得怎样的收益，我自己也说不清楚。

在迷茫之际，我想到一位IT界的朋友，他这几年的变化很大。在我找他约谈的时候，他已经是一家创业型IT公司的股东了。

他问我的第一个问题就让我很震惊："你的梦想是什么？"

坦白地说，毕业后的很多年，我一直不清楚自己的梦想是什么，我甚至一度怀疑自己是不是一个异类，或者说，是不是像我这样的人，不配过上自己想要的生活。

这位朋友对我说，他有四个清晰的梦想：

（1）登上珠穆朗玛峰；

（2）去南极、北极旅行；

（3）在舞台上演一场完整的戏曲剧目；

（4）写一本属于自己的小说。

在他看来，倘若此生能完成这四件事情，无疑就是他想要的人生了。

"所以，"他一字一顿地告诉我："你会发现我的梦想清单里并没有我现在的工作，工作对我而言就是赚钱。为了我的梦想，我可以放下所有的情绪，提高自己的工作效率和单位价值。于是这些年，我的收入也翻了好几倍，等我攒够了钱，我就一步一步去实现这些梦想。"

我觉得他口中的梦想并没有点燃我的梦想。

因为我是处于一个抉择的关口，我需要寻找的，是每天都与之打交道的工作内容与方式，而这种工作内容和方式，将很大程度上决定我的生活状态。

我并不具备这位IT界朋友的理性，无法完全将生活与工作割裂开来。他能够做到，我不能。

三

我又找到一位职业生涯规划师，约定了时间和地点，怀揣着莫大的希望，进行了一次职业咨询。

我向咨询师大概说了自己的情况，也表明了我这次前来咨询的诉求，就是希望能够找到一个明确的答案，知道自己到底该如何选择。

这位咨询师给我的建议和那位IT界朋友如出一辙，大意是既然财务工作是我收入的主要来源，那么我还是应该尝试考取一些高端证书，先提升自己在公司的单位时间价值，等赚足了钱之后，再去发展爱好也不迟。

得到这个建议之后，我总觉得哪里不对劲。

思考了很久，渐渐发现，他们给我的建议都是基于他们自身的经验，但是他们建议的这条路，真的适合我吗？

那位IT界朋友，他本人是一个可以把工作和爱好严格区分的人；那位咨询师，她在一家公司做HR，利用业余时间提供咨询服务。

而他们所走的这一路，无疑是现实、稳妥的。

IT界的那位朋友当时是一家创业公司的股东，所以他业余时间发展什么爱好，并不需要向任何人汇报；那位咨询师也还不错，据说她的公司领导比较开明，员工业余时间做什么属于员工的自由，公司从来不会干涉。

但是在我这里，情况大为不同。

由于国家取消会计证的消息已成定局,机构销售业绩急速下滑,此时公司从上到下人人自危,考核及惩罚手段更加严厉,我似乎嗅到了大势已去的味道。与此同时,我的写作渐渐有了起色,但未来会怎样,我其实并不清楚。

一个大胆的想法涌现在我的脑海里——我何不直接放弃这份鸡肋一样的工作,直奔想要的生活呢?

经过慎重的思考,我明确了以下三点。

首先我能肯定的是,我和那位IT界朋友不同,我无法做到严格区分生活与工作。我认为,工作本身就是构成生活的重要组成部分,占据了我们大部分的时间,如果工作无法让我开心,我的生活又岂能开心呢?

其次我明确的是,不论是我的职场发展还是我后来出书做公众号,能给我带来成果的恰恰是我的口头及书面表达能力。比起从事具体事务,我更喜欢和人打交道,这种特质其实并不十分适合从事财务工作。

最后一个问题,我到底想要怎样的生活呢?

我想起了三个人。

第一个是我的同学G。

八年前我们同学聚会的时候,G在一家世界500强企业里从事设计工作,然而那次和她闲聊的时候,G对我说,她想辞职,因为她发现这不是自己想要的生活。

我惊诧了很久,问她后面有什么打算。

她说先辞了再说,只要肯想办法,吃口饭应该不难。

G和我一样,都是普通人家的孩子。然而和我不同的是,G从小就是个心灵手巧的姑娘,她特别擅长做手工,在绘画等方面颇有天赋。

她当时拿着工作几年攒下的积蓄，去世界各地找寻自己的梦想和生活。

如今她长居在国外一座颇有文艺气息的小城，平时靠给孩子们上绘画课赚取收入，业余时间看各大艺术展览，生活过得倒也悠然自得。

第二个是我认识的一位全世界各处飞的自由讲师D。

D原本在一家企业过着优哉游哉的日子，但是有一天，他觉得不甘心，果断辞职，经过一番摸索，成为一名自由讲师。

有一次，我和D还有另外一个老师一起吃饭，D和我说起自己每年都会用赚来的钱去世界各地旅游的刺激经历，然后他问我："你是否向往这样的生活？反正这就是我想要的生活。"

他说这话的时候，眼神里是放着光的。

第三个人是我在一个小岛上旅行时无意碰见的一位老爷爷。

这位老爷爷是一名老中医，颇有仙风道骨的感觉，一辈子都在和中草药打交道。他家有一处药圃，种植了很多药材，成为当地很多医学院师生的参观基地。

这位老爷爷说，他这辈子都没有离开这座岛屿，但依然活得很快乐。

他用毕生的积蓄圆了自己的梦想，开辟了一处药圃，在种植和维护药圃的过程中获得巨大的满足感和成就感。他不需要离开小岛，就已经找到了生命的价值和意义。

我从这三个人的身上，似乎找到了想要的答案。

那就是，"做自己喜欢的事情，并以此为生"，这才是最值得追求的人生。

就像一段话说的那样——

"所有生命都将在某个节点结束，不过是时间早晚的问题。而生命是如此无常，以至于我们根本无法预知明天和意外哪个先来。所以与其担心未来，牺牲现在去为那些可能的意外做准备，还不如好好地用心把每一天过好。人这一辈子，最可怕的不是死亡，而是当死亡来临时，你突然发现自己从未用想要的方式活过。"

后来，我既没有接受那位IT界朋友的忠告，也没有按照那位咨询师的建议，而是选择了一条他们没有建议的路——主业靠写作与咨询，副业才是培训。我可以告诉你的是，我活得还不错。

在给M的咨询报告结尾处，我写了这么一句话——

"世上哪有现成的路给你走？无非是，你走出来了，最后才成了路。"

# 05

## 摆脱"玩命工作"的陷阱

说起努力，所有人都会觉得这是一个好品质，在鸡汤文中，努力更是一剂万能药，所有问题都被简单粗暴地归结于"努力"上。

你工作不顺利？那是因为你不努力。

你努力了但还没有加薪？那是因为你不够努力。

似乎只要努力努力再努力，人生就可以走向巅峰了。

然而，事实并非如此。

### 一、小凡的故事

小凡无疑是一枚上进青年，从踏入职场的第一天起，他就暗暗发誓，五年后一定要在公司做到管理岗位，能带一个团队，收入至少翻三番。

小凡学的是化学专业，但对化学兴趣不大，本科毕业之后，小凡索性放弃了所学的专业，应聘到一家公司做客服经理，因对薪资不满意，两年后跳槽到另一家公司做起了一线销售员。他每天都会给自己定要求，并且每隔一段时间就自我盘点，必须看到自己比过去有进步方才罢休。

比如，这次谈了一个10万元的订单，下一次一定要谈成20万元的订单；再比如，这次让客户感觉还不错，下一次一定要做个B计划，争取万无一失，让客户觉得无可挑剔。

就这样过了三年，小凡异常沮丧地发现，自己并没有如愿升职到管理岗位,收入只翻了两番——也就意味着,经过五年的努力,依旧没有达到自己理想中的目标。他焦躁不安,情绪很不好。

小凡的父亲为了让儿子重拾自信,委托朋友帮忙,给儿子介绍了一份销售经理的职位,鼓励他振作起来,早日走出低谷。

可谁想到,小凡在新岗位上干了不到半年,就遭遇到一个不小的挫折。他发现自己完全适应不了这个岗位,在团队管理、激励考核、月度任务设定等方面不知如何下手,越想要一个好的结果,却往往适得其反。很快,团队整体业绩下滑到业务组最后一名,他陷入自责却无力改变、于是更加自责的恶性循环。他甚至一度怀疑,自己是否对这份工作丧失了兴趣?是不是自己的性格不适合做销售?是不是父亲的刻意安排扰乱了自己升迁的节奏,反而让自己不能胜任?

怀揣着诸多困惑与疑虑,小凡找我做了一次咨询。

我发现,小凡的问题根源不是来源于不努力,而是太努力了,反而陷入了这种恶性循环。

### 玩命工作是一种容易上瘾的"高发慢性病"

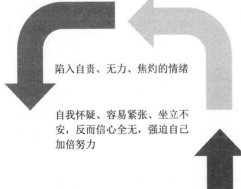

中途却发现不论自己如何努力,怎么也达不成预期目标

陷入自责、无力、焦灼的情绪

自我怀疑、容易紧张、坐立不安,反而信心全无,强迫自己加倍努力

故事往往从一个完美的目标开始……

### 二、为什么不能"玩命工作"

努力工作本身没问题，因为任何一份工作都需要努力，然而一旦"玩命"，你就需要警惕了。

什么是"玩命"？是指完全无视身体作息规律，拿性命当儿戏。

#### 1. 玩命工作给身体带来无法挽回的伤害

2017年，一则"过劳死"的新闻跃入人们的眼帘。一位努力上进的姑娘，就在新婚前夕，因为工作负荷过重，撒手人寰。

据调查统计，巨大的工作压力导致我国每年"过劳死"人数高达60万人，已超越日本，成为"过劳死"第一大国。

这不得不让每个职场人警醒。

小凡说，每次他看到"过劳死"的新闻，感觉自己也快要崩溃了。因为业绩压力，失眠成为他的常态，更可怕的是，他开始大把大把掉头发，感觉自己的身体已经在向他发出严重警告了。

#### 2. 过分强调"努力"甚至"玩命"，容易导致错误的自我认知

小凡的苦恼恐怕是千千万万"上进青年"的典型代表，这些人一旦没有达到自己期待的结果，很容易简单粗暴地将原因归结于"不够努力"，或者感到极端的不公平，如此下来，要么陷入自怨自艾，要么干脆自暴自弃。

他们很少能停下脚步仔细分析，究竟是什么导致自己没能达成预期目标？

是自己不适合这份职业，还是情商需要提升，或者人脉需要积累？

如果不能借由表面的失败对自己进行全面剖析从而形成更好的自我认知，一味地努力或埋怨只会让事情越发扑朔迷离。你连自己的短板或优势在哪里都不知道，又如何能够正确地努力，从而达到一个不错的结果呢？

经过层层剖析发现，小凡性格内敛，思维方式偏理性，之前那份销售员工作客观来说做得还不错，业绩也一度稳居"销售冠军"的宝座，这个结果和那份销售工作的产品特点及消费人群密切相关——他当时所在的公司主营业务是电子产品。不论从电子产品的特性以及消费群体而言，思维理性、头脑清晰、分析有条理的小凡正好契合这份销售工作，所以做起来并不太费力。如果不是刻意想往管理职位上爬，以当时的薪资水平来看，在同龄人当中应该算是中上等水平了。

正是因为小凡过于在意理想的管理职位，不满足于销售员的职位，才通过父亲的人脉关系，跳到另外一家公司做起了销售经理。

### 3. 失去过程的快乐，源于喜欢，止于痛恨

对小凡而言，因为对自己制定的目标过分在意和关注，反而带给自己极大的压力，而结果没有达到自己的期望，就对自己失望，深深自责且毫无快乐可言。

其实抛开这份目标，小凡坦言在之前做销售员拿到销售冠军的工作期间，还是很受客户认可的，那时的自己也感受到成就感和快乐，但想到自己没有达到预期目标，顿觉自己很失败。于是对自己很不满意，这种情绪就会带到这份职业中，让他怀疑自己是否适合做销售，是不是一开始就选错了行业。

### 4. 目光容易短视，忽略长远发展

一味玩命工作，会挤占你很多时间，唯独没有给思考留出时间。在急功近利的心态影响下，往往会做出错误的决策。

比如，小凡目前所在的行业和之前的电子行业截然不同，主要的消费群体以女性居多，多数女性并不具备理性思维，她们更感性，更依赖直觉与信任。于是，小凡的理性思维与分析特质在这份工作中毫无施展余地，反倒是那些逢人便"哥哥姐姐"和客户自来熟的业务员，会有不错的业绩。

于是，销售员对于小凡这样的领导，又怎会心服口服呢？

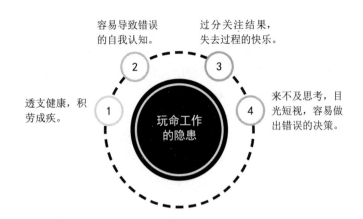

透支健康，积
劳成疾。

容易导致错误
的自我认知。

过分关注结果，
失去过程的快乐。

来不及思考，目
光短视，容易做
出错误的决策。

玩命工作
的隐患

### 三、如何摆脱"玩命工作"的陷阱

综上所述，"玩命工作"容易让人上瘾且不易觉察，如何摆脱"玩命工作"的陷阱，最终找到自己的努力节奏呢？

**1. 比玩命工作更重要的，是找到适合自己的努力方向**

经过一步步梳理，小凡渐渐意识到，自己从小到大一直以自我为中心，关注自身胜过关注他人。之前那家公司的领导就曾经找小凡谈过话，大意是想要真正突破自我，首先需要学会放下自我。一个真正的领导者，更应该在激励他人、调动他人的积极性方面多下功夫，更应该学会站在全局的角度，带动他人成长，最终达成团队效益最大化。

所以，对一心想要做管理者的小凡而言，这个功课是他职场成长的必修课。他应该从主动分享销售经验层面突破自我，多帮助团队其他伙伴，在团队中渐渐建立威望与地位，而不是试图跨越这个历程，直接通过关系空降到其他公司做销售经理。

另外，从小凡的特点来看，他思维理性，不擅长和人"自来熟"，但肯钻研、有耐心，所以适合的销售类型是长线销售，适合的客户群体为理性消费者。后期小凡可以考虑转行项目型销售或者有技术参数之类的产品销售，更能发挥自己的特长，获得成就感。而不是想当然，非要在自己不适合、不擅长的领域死磕。

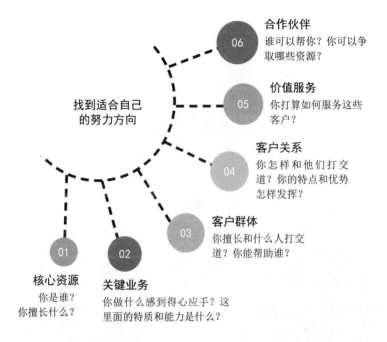

## 2. 承认自己的不足，主动寻求援助

对小凡来说，如果当时认识到自己的局限与不足，就不该一味盯着"销售经理"这个职位，而应该向领导虚心请教，看看领导有什么建议和方法，或者能提供怎样的资源，让自己获得进步。

## 3. 多关注内在动机而非外在动机

就拿销售来说，如果你把销售当成赚钱的手段，就很容易在遭遇挫折的时候丧失前进的动机，以至于前半场铆足马力，后半场后劲不足，最终半途而废。

如果你认可公司的理念和产品，希望通过自己对这个行业及产品的了解及认知，针对客户需求给客户提供切实有效的解决方案，业绩本身反而变成了水到渠成的事情。同时你也能得到客户发自内心的认可与感谢，这样一来，你会把心思花在真正帮客户解决问题的层面上，想办法提升自己的沟通能力和思维能力，减少对其他外在因素的关注度，反而能把工作做得更好。

如果把职业生涯比喻为一场长跑，有人拼尽了所有的气力完成了80%的跑程，到后20%的时候体力严重透支，怎么努力也无法冲刺。残酷的事实却是，恰恰这后20%，才是能否顺利完成一场长跑的关键所在，所需要的努力是呈几何级数上升的。

# 第 7 章

## 从极简到极致

## 把重要的事变得有趣

并不是工作多么有趣就能做好，而是做好了你才会发现其中的乐趣。真相是：任何领域的新手，感受到的多是无趣！

每到年底，因感觉"工作无趣"前来寻求帮助的人越来越多了。

人们似乎普遍陷入了一种集体性的困惑与焦虑。那就是深感如今的工作无趣，无数次想要切换工作轨道，但不知道自己是否能够顺利切换，对自己的未来更是充满了不自信。

按照时髦的说法，每个人都应该follow your heart，但想要真正做到这一点，必须有个至关重要的前提，就是你的各项能力都不能掉队。

从我经手的大量咨询案例来看，现实中，很多人深陷痛苦却无能为力，就是因为被"工作无趣"的表象所迷惑，并没有想办法改变"被动工作"的局面。

多年过去，他们依然停滞在新手阶段；而每一次跳槽对他们来说更像"跳崖"一般，动辄粉身碎骨，断送了大好的职业前程。

### 一、职业焦虑，是源于目前的工作找不到成就感

咨询者妍妍最近深感身心疲惫。她不止一次地想要换工作，但又不确定这时候离职会不会是冲动决定，便找到我进行了一次咨询。

妍妍，25岁，3年前毕业于一所三本院校的会计专业。截至目前有过三段工作经历，从一名收银员到如今的费用会计。这一路，妍妍吃了不少苦。

最让妍妍感到痛苦的，就是目前无趣的工作内容。

据了解，费用会计这份工作是妍妍在半年前刚找到的。才半年的工夫，妍妍就叫苦不迭，对这份工作产生了厌倦甚至抵触情绪。

这到底是怎么回事呢？

原来，妍妍在入职之初，对这份工作还是抱有很大的热情和希望的。按照妍妍的话说，好不容易从收银员到出纳再到如今的费用会计，她深知这份工作机会来之不易。因此在最初的3个月，妍妍很卖力地工作。

费用会计的主要工作内容就是审核公司上下所有的费用单据，进行相关费用的支付并填制相应的费用凭证。

一方面，单据处理不完，妍妍每天都要加班到晚上八九点；另一方面，领导和员工的利益出发点不同，按照领导的要求，必然导致审核时间越来越长，引发员工的抱怨不满；如果一味满足员工要求，又会让领导对妍妍的专业性产生怀疑，认为妍妍没有恪尽职守。

在内外夹击下，加上本身工作量就很大，妍妍陷入了深深的焦虑，渐渐对这份工作产生了厌倦甚至抵触的情绪。

"晓璃老师，我每天都会冒出很多次离职的想法。但是这家上市公司的工作机会并不是随时都有的，另外如果我换成其他的会计岗位，比如往来会计，我也担心会不会到头来和现在的工作一样无趣。"妍妍说。

"如果按照你这样的蛮干法，不论换到什么工作上，感觉无趣甚至厌倦几乎是一定的。"我说。

## 二、无趣的真相：你可能一直在新手期徘徊

事实上，每个工作都有它特定的内容。之所以不同的人会呈现出不同的状态，和这个人本身处于什么阶段密切相关。

我们把一个人在工作中的进阶过程分为三个阶段：新手期、胜任期和高手期。

在不同的阶段，每个人对于工作的感受是千差万别的。

在新手期，很多人迫切地想要实现一个立竿见影的目标，比如妍妍就特别渴望升职加薪。但问题在于，他们不知道该如何有效地提升自己的工作能力，更不清楚如何适应规则直至摸索出一套行之有效的工作方法，结果导致大量低水平重复，感受不到任何成就感，一度怀疑工作的意义，甚至怀疑自己是否选错了职业。

在胜任期，很多人渐渐摸索出行之有效的工作方法并总结出一些工作经验与规律，能够独当一面，同时渐渐承担起领导者角色，帮助更多的人成长，打通工作流程中的各个环节，让很多工作能够高效运行。在这个阶段，他们能够感受到巨大的成就感，但也会遇到挫败，主要表现在解决问题过程中对个别细节把握不住，考虑问题还不是特别周全。

到了高手期，很多人已经积累了丰富的经验，面对不同的工作情境，只需直接调用合适的经验就能解决80%以上的问题。此时俨然成为职场中令人敬仰的前辈，工作对他们的意义已经不仅仅是一份收入了，更是一份自我价值的体现。因此他们不仅不会懈怠，反而会迸发出前所未有的热情，思考更好的方式和方法，并力求创新与自我突破。

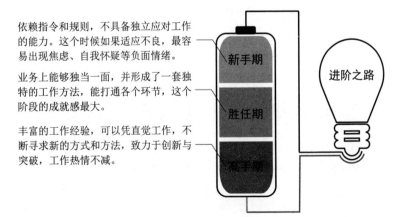

依赖指令和规则，不具备独立应对工作的能力。这个时候如果适应不良，最容易出现焦虑、自我怀疑等负面情绪。

业务上能够独当一面，并形成了一套独特的工作方法，能打通各个环节，这个阶段的成就感最大。

丰富的工作经验，可以凭直觉工作，不断寻求新的方式和方法，致力于创新与突破，工作热情不减。

新手期

胜任期

高手期

进阶之路

　　妍妍的案例很具有代表性。在职场中，很多人光知道干活，却从来不去琢磨工作的规律和方法。长此以往，永远在低水平重复，消耗了本就不多的工作热情和动力，结果越做越受挫，越做越无趣，越做越没有成就感。

　　是工作本身的问题吗？

　　可以毫不夸张地说，80%以上的职业焦虑，恰恰源于人的问题。

　　对于每个职场人而言，如果想从工作中获得成就感，如果想在工作中做出成绩，如果想成为不可替代的那一个，就需要从傻傻地干活变成会干活，再从会干活到超越干活，最终到达会创造活。随着每一次的进阶，你的焦虑就会自然变少，随之而来的是成就感逐渐增加，工作这件事情才会渐渐显露出它有趣及值得挑战的一面。

　　一个残酷的事实就是，很多人只知道工作，却从来不会工作，更不知道该如何超越工作甚至创造有价值的工作。

**干活**
不明白为何工作，不知道工作内容之间的关联，不会主动工作，从来都是被动应对，缺乏成就感。

**会干活**
懂得运用一些方法优化当前的工作内容，自主掌控工作节奏，发现工作中的重要问题，积极想出合理的解决方法。

**创造活**
主动了解市场和用户，挖掘客户的潜在需求，组织相应的资源开拓工作，甚至诞生一个全新的岗位。

**超越干活**
提炼出解决问题的方法，并能指导他人完成该项工作。

解决无趣四步走

## 三、唯有化被动为主动，你才能乐在其中

　　我告诉妍妍，一个不懂得主动把控工作的人，换到任何一份工作中，都会面临同样的问题和困惑。如果这些问题和困惑你现在不去解决，未来就会如滚雪球一样越滚越大，足以摧毁一个人的自信，甚至会认为这辈子也只能这样了。这样的人生无疑是一场悲剧。

听完这些分析，妍妍长长地叹了口气。她觉得自己对工作的了解实在是太少了，同时她迫切地想要知道，该如何做才能改变目前"被动工作"的局面。

想要化被动为主动，可以尝试以下这些方法。

（1）将自己的工作进行分类，计算每一类型的工作大致需要耗费多长时间。

比如在妍妍的案例中，她从事的费用会计工作大致由三大模块构成，一是审核单据，二是支付费用，三是记账。

根据妍妍的说法，记账花费的时间很少，每天如果能专心处理的话，一两个小时就够了；支付费用的时间也还好，因为目前都是网银转账，只要集中时间，每天一两个小时也足够；耗费时间最长的是审核单据的工作，因为这些单据太多太杂乱。

（2）将你认为最繁杂的工作进行整理，用一个标准进行归类。

我告诉妍妍，实际上，看似杂乱无章的报销单据也并不是无章可循，比如可以按照部门分类，可以按照费用类型分类，等等。

如果按照费用类型分类，最常见的无非是差旅费、办公用品费、交通费、通讯费等。

一旦按照一个标准进行分类之后，原本几百张报销单据可以迅速被分成若干份，这为后面的工作处理提供了便利。

要知道，如果你处理一堆杂乱无章的单据，刚刚根据差旅费报销标准审核了一张差旅费报销单据，接下来又要根据办公用品报销标准审核办公用品费用，你会发现自己的思路被不停地打乱。当一个人的大脑从一个回路切换到另一个回路时，无疑会耗费一些时间用于切换这个动作本身。

而如果你把单据进行分类整理，不同的时间段集中处理不同类型的工作，将大大节省工作时间。比如早上先花上一个小时集中处理差旅费报销单据，因为参照的标准相同，越处理越熟练，从而能有效地提高工作效率。

（3）遇到疑难问题先放一边，等手头工作处理完毕再集中处理。

就像我们上学时考试一样，当遇到一个难题不会做时，最明智的方法是放一放，把会做的做完之后，回过头来再看这道题。

同样的道理，对于妍妍而言，如果遇到不符合规范或者存在疑问的单据，并不是发现一个问题就立即去找当事人。因为当事人如果有情绪势必和你理论一番，你会发现这耗费很多口舌，同时影响你的工作心情，从而影响你的工作效率。

这个时候，最合适的做法是把这个单据放一边，等手头所有工作做完之后，将这些有问题的单据分部门整理出来，再将这些单据退回到各部门。

（4）每天固定时间用于沟通和解答。

当这些单据退回到各部门之后，一定会有很多同事向妍妍提出疑问。这个时候如果妍妍不对时间进行安排，会被这些突发的问题牵着鼻子走，从而打乱了自己的工作节奏与步伐。

此时可以采取一个办法，那就是告知各部门："你们有任何意见尽管留言给我，我会在下班前集中解答各位的疑问。"

这样做有个好处，便于妍妍记录大家关心的问题。如果有必要，为下一步工作做准备，例如培训。

（5）主动承担岗位职责，并积极协助各部门共同做好这项工作。

举个例子，如果妍妍发现很多人在差旅费报销这一块对于各项补助标准不是很清晰，那么她可以将这些常问的问题及相应的规定整理出来，和部门领导及公司其他部门找一个方便的时间，对报销人员进行专业培训。

这样一来，其他部门的同事会对公司的报销规定更为清晰，在报销中也会减少很多低级错误，从而大大提高妍妍的工作效率，也有利于各项报销款能够及时给付。

如此，妍妍的工作状态将得到很大改观，如果真的能够切实做好这些事情，妍妍自然会体会到满满的成就感，成为财务部的得力干将，升职加薪也是可期待的。

当听完这些建议之后，妍妍恍然大悟："晓璃老师，你说得对，是我工作太不用心了。过去我只知道干活，却从来不知道要如何干活。之前的我一直认为，一定要找到有趣的工作才可以；现在才明白，是我一直在试图逃避，从来没有真正把工作做好，没有体会到成就感。我回去一定按照你教的方法好好整理一下，希望有一天能和你分享我的好消息。"

## 四、有趣是一种能力

有句话是这样说的，有趣的事情不一定重要。但成年后的你我必须要学会一件事情，那就是把重要的事情变得有趣，这才是关键。

孩童时代，我们会觉得游戏比学习有趣。

随着年岁渐长，有些人掌握到了学习的方法，并且取得不错的成绩。他们在学习这件事情上获得了成就感，这才发现原来学习也是能够找到乐趣的。

想想看，工作不也是如此吗？

乐趣的表现形式各有不同，但本质都是一样的。那就是在一件又一件的任务里，你提升了自己的能力，实现了一次又一次的自我突破和跨越——还有什么比这些更让人感到欢欣鼓舞的呢？

## 勇敢追求自己匮乏的东西

一旦你开始不断地强化"我已经不错了",真正的黑洞也就打开了。

我遇到过不少咨询者,他们在咨询的时候都在向我强调一个概念,成长。

"晓璃老师,我想离职,在这份工作中我感受不到成长……"

"晓璃老师,你说我年纪轻轻的,也换了几份工作,可不知为何,总感觉浑身无力啊!"

"晓璃老师,你知道么?我多么渴望找一份能让自己斗志昂扬的工作啊!"

…………

成长,似乎是很多人共同的诉求和心声。

我听过很多关于成长的定义,也看过很多关于成长的阐述,比较认可的一个观点就是,成长的本质不是别的,恰恰是一个满足渴望的过程。

如果你长期深陷无力的状态难以自拔,如果你一直在寻求所谓的成长,恐怕你需要解决的第一个问题,就是找到那个无比缺乏并因此导致你倍感痛苦的东西,并且诚实地面对它。

### 一、怎么办?我发现自己失去了工作的动力

娟子专科学历,两年前毕业于某高校的医药类专业。由于这份专

业非自己所选，在度过了痛苦的三年大学时光后，娟子暗暗发誓，一定要找一份自己喜欢的工作。

于是这份职业生涯故事的开头，和她所学的医药专业没有任何关联。娟子选择了做社区服务人员。

娟子说，刚开始她对这份工作还是蛮喜欢的，但不知为何，后来越做越不开心，并且要命的是，她发现自己渐渐丧失了一样可贵的东西——动力。

娟子告诉我，当时做这份选择时，仔细分析过自己的成就性事件。让她有满满的成就感的事情是，小时候学习成绩还不错，很乐于帮助那些成绩差的同学，并因此获得了被帮助同学的认可与感激。娟子认为，比起待遇、环境等现实因素，一份职业能否让自己体会到意义，才是至关重要的。

这是刚出校门的娟子选择做社区服务人员的初衷所在。

与很多案例不同，娟子的这份选择看起来是经过反复权衡和思考的。但问题在于，为何这样一份看似理性且经过全面思考的选择，到头来还是让自己感到不开心呢？

## 二、你以为的不开心，其实是不甘心

随着咨询的推进，娟子渐渐说出了隐情。

刚开始娟子确实是怀揣极大的热情从事这份工作的。她认为，这份工作能帮助很多人，但后来她发现，自己能起到的作用微乎其微，于是渐渐感觉到失落，并且她发现很多求助者的境遇改善，和自己实质上没有太大的关联。

娟子和我说了这么一件事情。

有位家庭主妇M嫂没有工作，找到了娟子所在的机构求助，希望他们能提供一份工作机会。然而当娟子问完这位主妇，发现并没有匹配的全职工作机会。

M嫂一方面希望工作能给自己带来收入，另一方面希望时间自由，方便照顾孩子，而传统的全职工作根本无法同时满足这两个需求。

于是娟子说："按你这种要求不太好找全职，不如找一份兼职试试？比如我前两天看到的一则招聘信息，但能做成的人不多。"

M嫂就问娟子："是什么样的招聘？"

娟子找了那份招聘信息，是一家保险公司招聘兼职业务员。

M嫂后来真的去应聘了，并且让娟子颇感意外的是，M嫂竟然做得不错，业绩非常突出。

娟子做过分析，首先，M嫂性格开朗、为人热情，很容易和陌生人建立关系，拉近彼此的距离；其次，M嫂在当妈妈之前做过生意，练就了一颗强大的心脏及绝佳的口才，擅长说服他人；最后，M嫂还有个做生意的老公，每天也能给她介绍不少客户资源。

娟子确实喜欢帮助他人的感觉，但当被帮助的一方一旦真的变强大了，自己似乎显得越来越渺小，就会产生心理落差。

娟子渐渐发现，自己帮扶的对象中，能取得成功的人都有一个特点，那就是对现状存在强烈的不满情绪，异常渴望一样东西。这种渴望很直接很单纯，比如M嫂的愿望就是赚钱养娃。这些人反而能排除万难，获得自己想要的生活。

相比起来，娟子似乎对什么都没有强烈的渴望，包括助人。

### 三、你确定不是为了逃避压力，而选择了看似舒适的路？

没错，口口声声"乐于助人"的娟子，事实上并不是一个真正的利他主义者。

这无疑是一个重大的突破和发现。

其实，助人这件事情并非一定要通过职业达成。如果你真有一颗助人的心，处处都可以助人，比如搀扶老人过马路，通过正规机构向贫困生捐款，等等。

很多咨询者在谈及"理想职业"的时候，总会对我说："如果能帮助他人，就是理想的职业。"

果真？

我曾经遇到一位房地产销售总监，收入高且稳定，但觉得工作无趣。在他的价值观的排序中，最重要的是"利他主义"。

后来他无意中看到了我的文章，认为职业生涯咨询师的职业很有趣，就找到了我，想了解如何能成为一名陪人聊天按小时收费的咨询师。

我告诉他，咨询师这个职业没有很多人想象得那么简单，首先要具备职场经验；其次至少需要200小时的系统学习和训练，才有可能成为合格的咨询师；最后关键的一点是，和心理咨询师的职业类似，在投资期间的经济回报很少，甚至一开始很多人都是从公益咨询做起的，这意味着一分钱也没有。

听到这里，这位总监的脸抽动了一下。

我继续说，事实上，这200小时也充满了不确定性——学习拿证并不难，第一次咨询时的灰头土脸，第一次遭到客户的否定及负面反馈，以及每次咨询前的方案准备，咨询后的报告呈现，还有每次咨询后的反复揣摩，依然会伴随你好多年。当你知道这条路充满了艰辛及不确定性的时候，你还会认为有趣吗？

这种现象相信在很多人身上都存在，我们将之称为"火锅效应"。

什么是"火锅效应"？

就像一个天天吃家常菜的人吵着要去外面吃火锅一样。如果你让他连续一个月吃火锅，哪怕每天变换火锅花样，他也会哭着喊着要吃回家常菜。

最好的生活，是以吃家常菜为主，偶尔出去吃火锅。

同样的道理，作为一名刚出校门的毕业生，如果家境不是那么阔绰甚至贫寒，他在职业选择的时候应该诚实地面对自己——考虑一下自己最缺的是什么？最渴望的又是什么？而不是幻想弯道超车，一下子就到达所谓"自我实现"的终点。

### 四、绝大多数的逆袭，都来自深切的匮乏

放眼望去，很多人被一个问题捆住了手脚，那就是："我不知道自己想要什么。"

事实上，如果不知道自己缺什么，你永远都不会知道自己想要什么。

我们怎么可能什么都不缺呢？

我们缺钱、缺爱、缺安全感……

面对变幻莫测的世界，我们会死死抓住那样自认为最重要的东西，以此来淡化如影随形的匮乏感。

这种你死都不肯放手的东西，叫作"价值观"，而在追逐它的过程中，命运才悄然发生着改变。

美国电影《乱世佳人》里，内战把郝思嘉的庄园给毁了，在经历了母亲因病去世、父亲因无法接受现实精神错乱的变故后，郝思嘉勇敢地担起了重建家园的责任。

剧中有一段场景成为永恒的定格：落日余晖中，郝思嘉勇敢地抓起庄园里的泥土，举起右手请求上帝见证——"我一定会渡过难关，战争结束后我再也不要挨饿，也绝不让我的家人挨饿。"

就在那一刻，她迸发出了潜藏于心的渴望，从此以一股前所未有的力量与果敢，向着命运吹响了逆袭的号角。

现实中有太多取得成就的人，你若仔细往前追溯，不难发现，很多人在创业之初，根本谈不上情怀和梦想，无非是一个又一个怀有极度渴望的人。他们渴望钱财、渴望地位、渴望名誉，只不过他们从来不隐藏这些渴望，而是坦诚面对，并愿意为了得到这些东西付出最大的努力。

这样的人，往往最容易取得成功。

### 五、别在该奋斗的年纪里，假装自己什么都不缺

人之所以擅长伪装，无法袒露真实的渴望，是因为这种匮乏会导

致痛苦，而痛苦这件事情，并不是所有人都有勇气面对和承受的。

比起真实而让人痛苦的匮乏感，过分强调已有的东西，告诉自己说"其实我已经很不错了"，显然更能自我麻醉，这无疑是一种自欺欺人。并且，如果你试图躲避这种痛苦，你永远不会因为这种痛苦而行动，你的命运轨迹将如逆水行舟，不进则退。

比如娟子，事实上，她出身贫寒，小时候一度自卑，在班级里属于"被忽视"的一类学生。为了获得注意，她拼命学习，总算取得了不错的成绩，而她之所以表现出"乐于助人"的行为，就是为了强化这种存在感。

也就意味着，娟子的助人动机并不是真正为了让对方强大，更多的是为了享受这个过程中来自他人的认可和赞美，获得满满的存在感。

这就不难解释为何娟子一开始选择了一份看似自己热爱的助人工作，到头来却出现了心理落差，并最终丧失了工作动力。

心理学早就指出，当一个人把"匮乏"暂时压抑，就会错过解决匮乏的最佳时机；多年之后，当这个人意识到匮乏的存在，就像老了才发现自己缺少的东西，早已来不及解决。

娟子缺乏的，恰恰是她以为自己不缺的存在感。

如果一开始她就能诚实面对自己，直面内心深处深切的自私和贪欲，她的职业生涯就会是另外一个模样。

她完全可以从自己渴望的需求入手，选择竞争激烈的职场奋力厮杀，闯出一条血路。而不是像今天这般宛如一个无欲无求的老者，早早地选择远离竞争与压力，年纪轻轻就放弃了对丰富多彩的人生的追求。

正如有句话说的那样，每个人内心都有缺口，但只有一部分人被这些缺口推着往前走。

而正是源于这些缺口，才能让人迸发出令人震惊的生命力和上进心。

在他人形形色色的成功故事里，当你拨开重重迷雾不难发现，有人是为了赚钱，有人是为了做自己喜欢的事情，有人受不了被人管束……这些都无一例外是"匮乏"。

而重要的是，在你的故事里，你到底匮乏什么？又到底重视什么？

## 所谓专业，就是极致

职场中，到底什么才是真正的"专业"？

前两天做了个线下分享，有位读者问我："老师，我想知道的是，作为一名女性职业生涯咨询师，你天天面对各种职业问题不烦吗？另外我特别好奇的是，都说职场并非我们生活的全部，你对这个问题怎么看呢？"

我的回答是，职业生涯咨询师和这个世界上任何一种职业一样，遵循市场规律，你必须给客户提供专业价值，对方才会认为花钱找你是值得的。

职场确实不是我们生活的全部，但毫无疑问，它关乎你我的柴米油盐衣食住行，更是支撑我们人生漫长之路的食粮。

事实上，正是因为很多人对职业缺乏足够的重视和规划意识，才会导致他们的人生之路越走越狭窄，生活越来越不如意。

从事职业生涯咨询师这份工作以来，我越来越深切地体会到，尽管我能够深深理解很多人的无奈和无助，但我必须告诉你的是，职业规划从来都不是你走投无路时的救命稻草。

如果你从来不曾试图在某一领域做到专业，随着时间的推移，你的竞争力只会越来越弱，而等你面临失业才警醒过来，那个时候悔之晚矣！

接到阿芬的咨询案例，我不禁倒吸一口凉气。

阿芬，某外贸企业业务员，10年工龄，8月刚休完产假回公司上班，却意外地发现，自己正被边缘化：老板已经将她手头的工作慢慢分解给了其他员工，留给她的只有少数几个老客户的维护工作，也不让她接手新客户和新业务。

阿芬每天无聊极了，她不清楚这到底意味着什么，难道这是老板的暗示吗？因为她还在哺乳期，老板是不是不好直接裁她，所以用这种手段暗示她知趣地离开？

阿芬慌张极了，她想到自己在这家公司做了10年，老板该不会如此绝情吧？她更想知道的是，老板到底是出于什么原因将她边缘化呢？

"哪怕真的面临失业，我也想知道自己是怎么败下来的。晓璃老师，你尽管站在专业角度给我剖析，不要有太多顾虑。我觉得自己兢兢业业，真的想知道问题出在哪里。"阿芬说。

既然阿芬如此坚定，我就带着她进行了一次深入的职场剖析。

这个过程对她而言非常痛苦，阿芬几次都掉下泪来。随着真相浮出水面，她说："晓璃老师，如果我早一点认识到这些，何苦会走到今天的地步？你可以把我的故事加工整理出来，让更多的人不要再犯和我一样的错误了。"

接受阿芬的嘱托，我思忖良久，决定把这个故事进行简单的呈现并提炼出一些关键点，希望能给更多的职场人真切的启发和警醒。

二

有人问我，20多岁的年轻人，如果不知道自己擅长什么、喜欢什么，到底该怎么办呢？

我的回答就是，在你没有选择的时候，不论做什么，都需要给自己制定一个明确的目标。

通常说来，前两年你需要尽快适应这份工作，并尽量做到熟练，同时积极表现，争取更多的锻炼机会。

第三年到第五年你需要熟悉整个行业的运作流程，并着重分析哪些才是这个行业需要的核心能力。同时通过日积月累的实践，你会发现其实每个行业每个领域都有太多太多的事情要做，都有太多太多的成长空间。关键问题在于，你是否对你所在的岗位及行业足够熟悉和了解。

从第六年开始，通常说来你是否能独当一面已成定局。如果你发展顺利，就要学着担当更多的责任和挑战，比如整合团队的资源和力量，推进重要且关键的任务。不出意外，10年左右的时间，足够让一个职场新人成长为公司的中坚力量甚至高级人才。

在充分竞争的企业环境中，如果你在一个岗位做了3年都没有进步和提升，做了5年还没有成为独当一面的业务精英，做了10年都没有成为管理者，你需要好好反思一下，你真的把工作做到了"专业"的程度吗？

很多人对"专业"有很大的误解和偏见。他们认为，所谓专业，就是比别人多学几门专业课，知晓几个专业名词，大不了去学习行业知识等。殊不知，这种专业与真正意义上的专业相去甚远。

拿外贸业务员为例。

在进行专业的分析之前，你不妨自测一下，你认为成为一名优秀的外贸业务员最核心的能力是什么？

是业务能力，谈判沟通能力，对行业及产品的知识水平，还是其他能力呢？

为方便说明，我们不妨以一个场景代入。

假如你是一家外贸公司的业务员，一天有个国外的客户告诉你，他明天正好来你们公司参观，作为业务员的你，需要做哪些准备？要进行哪些安排和考虑呢？

也许你会想到，首先要明确对方几点到达机场，安排谁去接机，接完机之后再安排对方的食宿，然后带这位客人去参观——通常80%的人都会想到这里。

问题来了：

（1）这位客户的意向如何？

他是真的有合作意向还是说随便转转，只是借用考察的名义来你们的城市免费吃喝玩一趟？甚至更有甚者，到你们公司参观只是为了摸底，比如这种产品大概的成本是多少，供应价是多少，而对方早已谈好了意向合作者，所以根本就没有在你们公司下订单的打算？

如果你对客户把握不准，带着客户考察顺带吃喝玩乐一番，支出了大量的招待费却毫无收益，这笔开支对于公司而言就是纯浪费。你觉得公司能承受多少这种劳民伤财、徒劳无功的浪费呢？

（2）如果是意向客户，这次合作可能的风险有多大？有没有提前做预案或准备呢？

事实上，从接到客户的那一刻开始，你就应该知道，谈判不仅局限于谈判桌上短暂的时间，你和客户说的每一句话，都在为最终的签单进行铺垫。

比如，客户坐上车之后，你要不要和客户说话？除了简单的寒暄，你还准备了解什么呢？

你的头脑需要迅速搜集所有的信息和可能的风险。

举个例子来说，如果你面对的是一位中东客户，你大约需要了解的是，中东地区是这位客户的家乡还是长居地？如果客户家乡在中东，然而他久居欧美，那么如果这次合作达成，货物是否运送到欧美？如果客户长居中东地区，你需要具备应有的敏锐，比如中东局势如何？如果真的和这位客户达成了合作，货物要运输到哪个港口？如果这期间那个地区发生动乱、港口被封怎么办？如果货物在运输途中遇到海盗劫持怎么办？如果发生意外损失怎么办……

所有可能出现的风险，你都需要提前想到，并做好充分的预案和计划。

（3）如果这位客户很有意向，势必会涉及参观、访问及了解等环节。那么，这个客户最可能关心哪几个问题？你打算带他参观哪些厂？需要哪些人陪同？要不要召集一个临时会议？会议需要哪些人参加？这次参观及会议可能会让这位客户产生哪些疑虑？你又准备如何打消对方的疑虑？

比如你打算带客户去一家规模较大但地理位置偏僻的工厂参观，那么就应该提前想到，这个客户最关心的成本问题里，一定会对这家厂的地理位置有所顾虑。这一顾虑大约会是，地理位置偏僻固然意味着地价低廉，但无疑会增加运输成本，如何能保证产品的成本优势？你是否做了足够的功课去说服这位客户，让他相信虽然地理位置偏僻了些，但由于其他方面的因素，使得运输成本的影响降到了极低水平？能否让他相信，你们在价格方面依然具有优势？

以上这些问题，其实都与我想说的一个概念有关，那就是专业。

什么是专业？

在我看来，专业就是"专门在一个领域做事能够达到的精透程度"，专业的最高水准也就是本书所提到的"极致"。

这里面不仅包括执行力等基本能力，还包括：你是否对这个行业足够了解和熟悉？你是否能预见问题并提前考虑及安排？你需要调配哪些资源、提前做哪些功课才能保证事情的顺利推进？此外，还有你对紧急问题的处理水平和能力如何，等等。

所以我有个做外贸的朋友就告诉我，真正优秀的外贸业务员，几乎就是一个独立的老板，放到任何公司都能迅速胜任公司高管职位，此言不虚。

放眼望去，这个社会中的任何职业，如果你真的做到了专业的程度，薪酬收入都不在话下。

我至今还记得，我做培训老师时，经常需要去外地宣讲，通常需要提前几天和校区对接。就在这个过程中，我能明显感受到校区和校区之间的差距。

有的校区的对接工作特别专业。他们在为老师预订车票或机票、安排酒店食宿、查询线路、接送等这些常规工作之外，还会召集校区负责人和会场工作人员开一次会议，安排部署第二天的会议内容，把他们的目标任务进行分解，提前熟悉我的宣讲节奏和内容，每个休息空隙安排什么活动、如何抛出悬念留住意向学员等，也都会做精细的部署和规划。甚至每次休息的茶歇水果都会安排妥当。

有的对接工作人员正是因为把这件事情做得相当专业，受到了我们教学团队的一致好评，后来他在公司得到了更多的机会。甚至有一位90后的姑娘就是从不起眼的工作做起，5年不到就做到了大区销售总监的职位。

所以，同样的工作，有人能迅速成长，每天干劲满满；有人却斗志全无，每天消极怠工。究其原因，往往不是工作本身的问题，而是做工作的人的问题。

五

曾经阿芬觉得不公，试图找老板理论，老板对阿芬说了这么一段话——

"别说你30多岁了，就连一位20来岁刚出校门的毕业生都比你清楚自己该做什么。这些年来你的工作一直没有长进，我不断地给你提供不同的机会，但很可惜，10年过去了，直到你生完孩子休完产假回来，我依然没有看见你的进步。抱歉，你早就不是孩子了，我也没有义务像教孩子那样教你。是去是留，你自己考虑吧。"

写下这些，只希望今天的你能够从阿芬的故事里意识到自己眼下的问题以及未来可能要面临的危机。如果你发现了问题，请务必直面并尽早解决，不要等到未来的某天，面对无法改观的职业生涯黯然神伤，恐怕为时已晚！

**有效地榨干自己**

你要的，并不是重来一次的选择。

随着咨询案例的积累，我发现了一个悲凉的事实。那就是，站在个人成长的角度来看，太多人被一份"好工作"给坑了，他们沉迷于一份"收入丰厚的工作"无法自拔，眼睁睁地看着周围的人大展宏图，不知道自己喜欢什么，擅长什么，心有不甘却无力改变。

于是他们总是在想，如果时光可以倒流，自己可以重新选择，是否就能扭转今天不尽如人意的格局和命运呢？是否就能练就一身不可替代的"绝世武功"呢？

然而事实却是，即便你足够幸运，回到了过去的某个点，比如高考时重新选择专业，或者是毕业时重新选择第一份工作，重新做出一份看似正确无比的选择，你此生的命运可能依然无法改变。

正如有个观点所说，你自身的系统结构，决定了你的无数个行为方式，推动着你遵循大数定律，奔向无法扭转的命运。

### 一、一定要找到擅长的领域才能出发吗

年近40岁的吟秋怎么也没想到，当初家人给自己找的这份稳定的工作，如今说不行就不行了。

吟秋是石油系统一名普通的员工，这几年行业发展急转直下，经不起冲击的企业纷纷倒闭。

一想到自己未来不知道哪天可能会面临的"裁员危机"，再想到

自己这些年来似乎没有一样拿得出手的本领和能力，加上如今上有老下有小，老公也是普通的工薪阶层，家里不能没了她的收入，她的焦灼和不安可想而知。

通常说来，我们很多人都会在两个重要关口做出草率的决定：一是高考填志愿，二是毕业后选择第一份工作。

吟秋回忆说，自己当年的语文成绩不错，如果当时选了中文系，或许今天就不会如此焦虑了。

我接触过很多类似吟秋这样的咨询者，在他们看来，正是因为自己找不到擅长的领域，所以才不能全力以赴。

但在这个问题背后，还潜藏着一个问题，那就是，如果不曾全力以赴，你又如何去发现自己擅长的领域？

## 二、不敢全力以赴，注定和成就无缘

想要说明这一事实，就不得不普及一个概念，效用函数。

效用函数无疑是古典经济学和现代宏观经济学最基础的方法论假设及经济学科学化的出发点，在职场中，效用函数可以用来表示你每做成一件事情给你带来的满足感或成就感的量化表达。

举个例子：

一个人付出的努力单位（$X$）与成就感（$Y$）之间的效用函数为 $Y=X^2$。

也就意味着，这个人如果付出的努力是1，成就感也是1；付出的努力是2，成就感为4；付出的努力是3，成就感为9……

问题来了：这个人每多付出一个单位的努力，获得的成就感增加值是多少？

从1个单位的努力到2个单位的努力，增加的成就感为3个单位；从2个单位的努力到3个单位的努力，获得的成就感增加值为5个单位……

于是我们不难得出这样的结论：在付出与成就的效用函数下，

每增加一个单位的付出，效用（增加的成就值）会逐渐递增，并且增量越来越大。

这个结论非常重要，我们把这个结论反过来说也毫不违和。那就是，如果一个人吝啬投入与付出，连1个单位都没有，那么他所获得的成就感是极低的——越不想付出，就越难体会到成就感，甚至于稍微一松懈，成就感锐减。

### 三、你要的根本不是重来一次的选择

网络上有一段视频，讲述了一个"假如可以重来，你将如何选择职业"的故事。

视频里出现了各种职业的从业者，有模特、设计师、老板、摄影师等。

当问及模特的职业体会，模特吐槽说这行太累了，吃不饱饭是正常，为了减肥，曾经连续吃了几个月的火龙果催吐，穿高跟鞋一站就是一整天，最严重的一次是一只脚磨了七个泡。

如果重新选择，这位模特希望自己能够做一名设计师，觉得设计师可以坐在高档的写字楼里面，喝喝咖啡，画画设计稿，既舒服又清闲。

镜头切换到一名设计师那里。

这位设计师说，自从做了这个行当就没有睡到自然醒的时候，客户经常让自己改稿，最要命的是改来改去居然告诉你第一稿最好，真是窝火到想骂人。由于长期熬夜，鱼尾纹和白发长得比年龄还快。

如果重新选择，这位设计师希望自己能当老板，有钱，并且大家都听自己的，多爽啊。

而一名创业的老板却吐槽说，等自己当了老板才知道，自己要承担的东西比一般人多。赚了钱还好，亏钱了只能自己扛，压力非常大，也没时间陪家人，对孩子关爱更少，内心总有愧疚。

如果重新选择，这位老板希望自己能成为摄影师，他认为摄影师

有一双发现美的眼睛，并且很自由。

而从摄影师的口中我们知道，搞摄影是一件非常烧钱的事情，并且有些照片你喜欢，别人却欣赏不来，照样没有收入，甚至自己没钱的时候，只能从父母那里要……

很多对现状不满的人总会心怀一个疑问，那就是，如果人生可以重来，回到那些重要的人生节点重新选择，会不会比现在好呢？

电影《回阵》里教练说了一番让人回味无穷的话——

"你懂什么叫未来吗，史考特？未来就是你现在所做的一切的回报，而你现在只是一味地放弃，相信我，这样是没有未来的。史考特，但愿你生活中别像这样轻易放弃，因为生活本身比打橄榄球艰难得多。"

## 四、为什么当下的努力那么重要

如果你了解时光的算法，这个问题将不对你构成任何困扰。

该时光模型由过去、现在和未来三要素构成——

"过去"是局部无法改变的条件，是你抓在手里的牌；

"现在"是选择分配点，是你运用思维方式，将手中的牌进行分配；

"未来"是各种可能的概率与损益统计出来的结果。

该时光模型认为，对于"过去"的部分，我们必须冷静接受，重点放在分配资源的"现在"：包括极度专注、主动选择正确的思维模式分配现有的资源，进行理性的分析与计算。

如此，我们方有可能在绝境中突围，甚至将烂牌打成一手好牌。而如果一个人不具备正确的思维模式及理性的分析能力，即便手握一副好牌，也容易打成烂牌。

### 1. 决定未来的并不在于你的过去

有太多的人一味深陷在过去，耗费了大量的时间、精力甚至情绪试图改变过去，例如前文中的吟秋总是不断地在脑海中假设：如果当初换一个选择，今天又会怎样？

要知道，这种以缅怀、悼念、懊悔为主的时光消耗方式，往往影响着我们下一个更为重要的环节，那就是关于"现在"的决策。

沉湎于过去的人，总是把自己拖进无休止的"要是那样就好了"的假设中，自欺欺人般列出各种错误的已知条件，反复懊恼悔恨，错过了今天的最佳改变时机。

即便过去能如吟秋所愿般发生改变，她今天就没有烦恼了吗？

未必。

如果吟秋中文系毕业进入一家纸媒做编辑，今天遭遇的焦虑并不因此减一分。众所周知，纸媒迅速衰落，如果吟秋的工作状态依然和今天一样得过且过，不思进取，迎接她的同样是朝不保夕的未来。

决定未来的，并不在于你的起点，而在于你如何运用正确的思维对现状进行理性的分析，重新分配资源，在这个过程中，专注度和理想思维尤为关键。

**2. 职业化是每个职场人成长的必经之路**

事实上，任何工作，只要你不是十分厌恶与反感，你的专注程度就决定了你的学习速度和成长速度。

吟秋缺乏心无旁骛、专注做事的信念，掺杂了太多个人情绪，原本遇到过一些绝好的成长机会，却因为情绪一味抗拒，结果错失良机，让人不禁为之扼腕叹息。

比如写财务分析报告这件事，领导曾经有意安排吟秋写分析报告，但她认为财务报告无聊极了，情绪上非常抵触，写了几次效果也不好，干脆就推掉了这部分工作。

显然，她低估了"做好眼前事"的重要性。

事实上，写好财务报告的背后绝不只是考虑文笔这么简单，更重要的是对单位业务和专业知识的熟练度，还要有良好的逻辑思维能力，以及站在报告使用者的角度考虑问题的能力，等等。

而写作只是一种手段和方式，写好财务报告的本质和核心恰恰是写作之外的能力。

这种能力，叫作"职业化"。不论我们面临怎样的局面，都可以选择用专业的态度面对它，做到精准而熟练；并且在行动之前，就排除掉消极的情绪成分。

### 3. "确定感"会给我们带来彻头彻尾的错误

毫无疑问，不确定性才是宇宙的基本秩序之一。

对不确定性的不同感受，可以用来区分青少年与中老年。

在青少年眼里，不确定性是充满可能的未知世界，是不计算投入产出的梦想，是不评估繁衍组合的爱，是无知无畏无惧。

在中老年眼里，不确定性是陷阱与毒蛇，如果可以，他们愿意花钱扫除一切让自己不安的"不确定性"。

比如吟秋的父母。

他们对女儿有强烈的掌控欲，不允许走出校门的女儿遭遇不顺或坎坷。与此同时，吟秋又恰好是一个"乖乖女"，虽然心底或有不满，但依然戴着"不确定性"的紧箍咒，为逃离充满不确定性的未来惶惶不可终日。

以至于吟秋一定要找到100%确信的天赋领域，才愿意投入。

价值投资大家布鲁斯·纽伯格说：概率和结果之间存在巨大的差异，可能的事情没有发生，不可能的事情却发生了。

何为成功？

说白了就是一种概率事件，你在一件事情上持续投入下注，你赢的概率就比随机下注的人大，这才是"成功"的真相。

最怕的是什么也不做，胜算的概率自然为零。

### 4. 我们的大脑擅长自我欺骗

正如布雷斯说的那样，当面临要么改变想法、要么证明无须这么做的选择时，绝大多数都会忙于后者——我们的大脑有极强的自我说服能力，可以令这种紧箍咒束缚得毫无痕迹。

最难改变的那样东西，是观念。

　　管理学大师彼得·德鲁克认为，观念的变化不能改变现实，但能改变现实的意义。

### 五、有效榨干自己，或是人生最优解

　　事实上，吟秋所纠结的选择并不真切存在过。

　　她一直奢望找到自己的天赋领域、获得"瞬间逆袭"的神话，但可惜的是，神话从来不会出现在现实中。

　　对多数普通人而言，与其苦苦把自己陷入"头脑游戏"进行所谓的选择，倒不如面对现实，"有效地榨干自己"。

　　有这么一个长着天生坏学生模样和坏脑子的孩子，因为成绩差备受歧视，唱歌成为他唯一的自尊来源，从高中时代就开始在餐厅做歌手。

　　当时的歌手有两种，一种是"驻场歌手"，用专业唱歌迎来掌声雷动；另一种是"嘉宾"，需要不断赶场，不仅要会唱歌，还需要负责调动现场气氛。

　　比起来，嘉宾的收入更高，难度也更大。

　　为了这份高收入，这个人选择"榨干自己"——他组建了一支乐队，一边旅游一边演出。

　　然而不幸的是，在唱歌这条路上，年轻人看不到希望，直至歌厅行业由盛转衰。然而多年"自我压榨"下来，他成为一个集唱歌、舞蹈、主持样样精通的"老油条"。

　　再后来，一起搞乐队的兄弟给他打电话，说有一部电影需要一名会说山东话的演员，力荐他过去，演出了生平第一部电影，竟然获得了成功。

　　这个人一鼓作气，干脆考取了北京电影学院，那一年，他28岁。

　　32岁，他出演电影《疯狂的石头》，正式开启了演员的职业生涯。

　　没错，他就是黄渤。

　　从初涉影视圈到真正火起来，黄渤一共拍了22部影视作品，其中

只有4部收获好评，其余18部被骂为"烂片"。

但我们再次回顾他的过去时，你会发现，他每一步都不遗余力地投入甚至榨干自己，直到尝试出一条有所成就的演员道路，偶然的背后更多的是必然。

唱歌的经历让他台词功底深厚，舞蹈经历使他的表演具有形体感染力，多年赶场经历使他锻炼出了超高的情商，在业内的口碑和人缘极佳，这一切，和他对待每一份职业经历的认真程度不无关联。

只有我们回过头去看时，才能明白什么是"连点成线""功不唐捐"。

当下即道场。

我们完全没有必要非要走到自己设定的路上才开始全力以赴，这是最愚蠢的做法；我们真正要做的事情，是把每一分钟的工作做好，唯有在这个过程中，我们的内功才会增强，才会拥有越来越多的可能性。

用一句话作为收尾结束这一节——

要知道，曲折的人生并不可怕，大多数人正是毫无曲折地一路滑下去的。

## 挑战舒适区

对舒适区的界定是区分高手和普通人的本质差异。

历时3年，总共615位咨询者，183份现状反馈。

当我试图整理出成功者成功背后的规律时，我发现在目前分析的范围内并没有一些所谓的范式和标准，相反，每个人的经历就像万花筒里的世界那般千奇百怪，当然，这里面也能提炼出一些经验和方法。

希望有缘看到本书的你，不论自省还是审视他人，都能收获一些别样的启发。

### 一、最刺激的职业规划：找到核心发力点，把不可能变成可能

传统职业规划的套路，一般是先定两个点：一是你的职业起点，二是你的职业目标，然后再探寻到达的方式和路径。

然而不论是职业起点还是职业目标的寻找，并非想象的那样简单。

例如在职业起点方面，理论和现实总是存在尴尬的差距，很多职业规划师喜欢运用职业测评的结果，这样做很省事，也不需要和咨询者做长时间的沟通，但这样的效果又如何呢？

比如，当一个人通过测评发现自己适合从事心理学方面的工作，问题在于，如果这个人没有意愿或者没有相关证书、学历或者能力不足，根本找不到这样的工作，那么又到底去向何方呢？

从我接触的咨询者来看，有一部分就是双重迷茫者，即咨询者在其他机构做过职业测评，咨询师往往根据测评结果提供职业建议，结果落

地时由于各种偏差无法实现，只会加剧迷茫。更糟糕的是，调整这些咨询者的认知需要大量的时间，整个咨询过程较首次咨询者更难推进。

要知道，即便情况看似相同的两个人，也会因为境遇、个人特质等各种因素呈现出不同的职业曲线，如何找到这个人的核心发力点，才是规划工作的重中之重。

当然，找到个人核心发力点这件事在操作层面上对咨询者本人的个性和特质有一定的要求。通常说来，一个人独立性越强、个性越鲜明，在咨询师的引导下，往往越容易找到这个发力点，从而走出一条不同寻常的路。

咨询者小婧系某985高校哲学系的毕业生，兴趣广泛，精力充沛，家人给她的职业规划是考研深造，走学术道路。

大四那一年，小婧瞒着家人前来咨询，为了凑足咨询费，她开始在一些网站上发表连载小说，果然吸引来很多人的注意和追捧，于是她一不做二不休，在更新到第五章的时候，开始尝试付费阅读，小说总共15章，剩下的10章打包阅读价20元/人。她的运作模式是，让有付费意愿的读者加自己的QQ，告诉对方付费方式，收款后将这些人拉进一个群里，将更新的小说章节发到群里供大家阅读。

小婧刚开始定的目标并不高，能收20位付费读者就很开心了，没想到结果超过她的预期，最终付费人数高达50人，不仅解决了咨询费的问题，而且极大地增加了她的自信。

事实上，具备小婧这种特质的年轻人，未来的能量不可估量。

在她的身上，我发现了几个难能可贵的思维特质。

（1）从未想过逃避。

遇到困难（例如没有收入，需要解决咨询费用的问题）不去抱怨，而是积极想办法应对（付费阅读方式），最终超乎预期解决了困难。

（2）对新鲜事情抱有极大的热情和好奇心。

例如，她之所以报考哲学系，就是因为对人很感兴趣，想知道到底是什么驱使人们面对同样的境遇，做出截然不同的决定的。

（3）敢于尝试且具有成功体验。

写小说这件事情，就是小婧利用自己琢磨出来的规律进行探索，没想到结果出奇好。

这类人的职业规划，实际上是要找到核心发力点。

在小婧的积极配合下，我们发现，不论是学哲学还是写小说，抑或是她提及的销售领域，其实都离不开一样东西——人性。

有了这个重大发现之后，小婧豁然开朗，她重新认识到，自己对人性有一种强烈的好奇和渴望，例如，她非常想搞清楚促使人们做决定的心理机制是什么。

对小婧而言，不论今后从事什么职业，只要能修炼自己对人性的把握能力就可以了，再结合具体的机遇，而不是上来就锁死一个所谓的"职业方向"。

距离小婧的咨询过去两年多了，近期我们收到了小婧的反馈。在咨询过后，小婧做了很多尝试，最终结合自己喜欢时尚的特点，成功应聘到一家时尚品牌公司，从编辑文案做到运营主管，业余时间小婧正在积极备考心理学专业的在职研究生。

"晓璃老师，一开始我觉得自己对很多不同的东西都感兴趣，但始终没找到主线，所以无比迷茫。和你咨询后终于明确了主线，我就知道我会走上一条少有人走的职业道路，我会试着将自己的兴趣以一种积极的方式融合到工作中去，把不同的点串联起来，未来再考虑如何将这些碎片完美地组合在一起。"小婧说。

## 二、强大的终极秘笈：喜欢挑战，不舒服才是舒适区

Alisa是一家企业的高管，之前我约她做过一次职业访谈。

Alisa给人的感觉永远活力四射、不知疲倦，从一名青涩的毕业生做到一家公司的高管，Alisa用了8年时间。在访谈中，当被问及是什么成就了她的职业生涯时，Alisa沉思了一会儿说："如果非要说出一个最重要的东西，我觉得大概就是两个字，挑战。"

Alisa呈现出的职业道路并不是一条规规矩矩的线性发展图，更像一堆散落的点，最终被她连成了一条意想不到的曲线。

她是客服出身，由于工作好评率高，很快被领导提拔为销售。在从事销售工作期间，她又擅长分析，对公司回款问题提出了一系列有建设性的方案。后来，她又被调至财务中心做相关数据分析，获得公司下至车间工人上至财务总监的一致好评，既写得出一手漂亮的工作报告，也能挽起袖子下仓库盘存。

Alisa这几年的业余时间排得满满当当，她喜欢挑战，对商业运作很感兴趣，总能想办法搞明白里面的规律。

她业余时间报班学财务，经常抱着一本厚厚的管理学书籍度过一个周末。她爱好广泛，喜欢击剑和冥想。

就是这样一位不按套路出牌的姑娘，后来被一路提拔到公司高管的位置，并且还相当年轻。

"我这人有个特点，就喜欢把不可能变成可能，我感觉这很刺激；同时我从来不认为自己的职业选择会出错，因为即便一条在外人眼里看起来错误的道路，我也会想办法汲取里面的经验教训。对我而言，手里抓着一副怎样的牌不是重点，重点在于我要怎么样利用当下的一切资源，打出一手好牌。"

"我喜欢折腾，"Alisa说，"我允许自己折腾，如果有更好的主意或机会，也不排除未来自己创业当老板。"

我问Alisa："我很好奇你有没有经历过低谷期，你难道就没有想过找一份理想的工作吗？"

Alisa笑着回答说："比起想要得到的工作，我更关心正在从事的工作。"

"会不会被其他人认为没有理想或斗志呢？"我问。

"我理解的雄心壮志"，Alisa回答道，"就是不断去刷新自己的成功纪录，这样别人才能看好你、器重你。"

正所谓"英雄不问出处"，在和Alisa挥手告别的时刻，我突然想到了这句话。

### 三、行使自己的人生选择权

我想起了自己那一段职业迷茫期。

32岁时，我在一家制造企业做财务经理正好满五年，如父母所期盼的那样，我过上了外人眼里所谓的"美好生活"。

可是我并不快乐。

我每天早晨赖在被窝里不想起床，一睁眼就知道今天要做什么，上班等下班，下了班之后回家根本不想说话，窝在沙发里懒得动。

年幼的儿子过来找我陪他玩，可我总是因为心情不好朝他发火，发完火后又特别后悔。

我突然意识到，尽管我的现状很光鲜，可感受不到意义。

我开始思考一个问题：我们工作到底是为了什么？

曾几何时，我和多数人的观点一样主张"生活工作要平衡"，然而到头来，我却为此备感心力交瘁：每天上班戴着面具，穿梭于各部门的格子间，斡旋于各个利益集团之间，下了班回到家一点力气也没有。这时候我才意识到，这种"身心割裂"的状态实际上是在消耗自我，工作与生活无法相互滋养，更像一种"相互利用"的关系。

我利用这份工作获取想要的物质回报，原打算让生活变得更好，可终究我发现，它似乎让我的心情越来越差。我把工作和生活界定得如此清晰，压根就是因为，这份工作对我而言更像"理论上的好工作"，却不是"发自内心认可的好工作"。

我把工作与生活对立开来：工作仿佛是为了他人，是做不喜欢的事情；生活是为了自己，是乐意做的事情。

这种对立必然造成内心的割裂，最终的结果就是"工作也不开心，生活也不快乐"。

那段迷茫的日子里，我喜欢跑到朋友Judy家聊天散心。

Judy做的点心特别好吃。

Judy的父亲经营一家甜品店。上学的时候，Judy总是利用假期去父亲的店里打工帮忙。而Judy毕业后找的第一份工作也非常令人羡慕，去了一家知名外企。

有一天我忍不住问道："Judy，我很好奇当时面试官问了你哪些问题？你又是如何回答的呢？"

Judy说："其实也没有什么特别的。他们问我有没有什么工作经历，我就说在父亲的甜品店打工，基本上每个周末都会去，然后周一返校上课。"

"哦？这听起来并没有什么特别的啊。"我说。

"是啊，我也没觉得有什么特别，直到有一天，我的主管和我闲聊说起这事，他说，Judy你知道吗？你当时谈及在父亲店里打工的自豪神情打动了我们。"Judy说，"原来，他们发现了一个规律，那就是比起能力，应聘者的心态更重要。人们往往对工作抱持两种心态，一是受害者心态，二是赢家心态。"

Judy告诉我，面对同样的工作，有人认为自己承受了莫大的委屈，做出了巨大的牺牲，这个人就是"受害者心态"；有人则认为工作是有价值的事情，所以即便遭受了委屈做出了牺牲，也为此感到骄傲和自豪。

"这两者具有本质差别。"Judy说，"越是不错的公司，越希望招到关注当下的后者，而不是这山望着那山高、总觉得整个世界都欠了自己一样的前者。"

我细细揣摩Judy的话，反思到自己身上，渐渐发现我的问题恰恰就出在这种"受害者心态"上。

曾几何时，我和父母的关系很对立，我一度认为，是他们让我选择了一个我不喜欢的会计专业，从此，我的道路似乎充满了坎坷与艰辛。

可事实上，没有人逼着我学这个专业，做这个职业，甚至我的父母也一再强调，他们从来都是建议，并没有替我做主的意思。

原来我一直是有选择的权利的。我可以选择换一份职业，也可以选择继续做下去；我可以选择心怀怨气地做下去，也可以选择轻松释然地做下去。

如果我行使了人生的选择权，根本就轮不到由其他人来决定我的人生，不是吗？

当我认识到选择权的时候，我头一次感受到原来我是自由的。

于是，32岁那一年，我结合我想要追寻的意义、我渴望的生活方式、我喜欢的行为模式等，做了第一次职业转型，慢慢地走到了今天。

这就是我听到的最好的职业建议，没错，这个建议听起来是那样平淡无奇，那就是："不管你的选择是什么，请记得专心致志做好它并引以为豪。"

### 四、人生从来就没有标准答案，请保持开放和警觉

有一段话是这样说的："永远都不应该认为谁可以预测什么样的经历，能教会你最有价值的东西，或者教会你生活应该是什么样子。你必须在每一个转折点上都能够对机会保持足够的开放和警觉，这样你才有可能学到人生中最重要的一课。"

让我们再次回顾一下本节的四个重要观点吧。

（1）对于个性鲜明、够独立够果敢的个体而言，不要早早地给自己锁定职业方向，而是找到核心发力点，再结合具体的机遇和环境，将这个发力点无限拓展，连点成线，最终走出一条属于自己的成功之路。

（2）对舒适区的界定是区分高手和普通人的本质差异。普通人将舒适区等同于舒服区，被"拥有"的错觉牵制，不敢有所改变，所以越过越不如意；高手喜欢挑战，对他们而言，不舒服才是真正的"舒适区"，反而能出奇制胜。

（3）一旦你开始行使自己的人生选择权，很多怨念和干扰自然就会渐渐消失，你的生活会渐渐呈现出本来的安详与美好。

（4）永远不要试图预测未来，不论怎样的选择，记得全力以赴做好它并引以为豪。

# 第 8 章

走向高手

## 沉淀见识与能力，去做成一件像样的事情

"一个人得多么鞠躬尽瘁地浪费时间，才能在如此漫长的人生中做到一事无成啊。"

你是否还在认为，如果能够找到一份完美的工作，自己就能高枕无忧，从此走上人生巅峰了呢？

你是否还在认为，考个证书、修个学历或者结识高人，就意味着自我提升，就意味着成功会主动来敲你的门，就意味着一份现成的好工作会主动送到你的眼前呢？

随着咨询案例的积累，我越来越意识到一个迫切而严重的问题：太多的人明明手握一副好牌，却把这副牌打砸了——

你也许永远在等待未来有一天，自己能拥有一份理想的工作。每进入一家公司，你都指望着依靠公司规范的管理和透明的竞争机制，成为独当一面的成功人士。当你真正踏进公司的大门，却发现公司存在这样那样的问题，干了几年依然不知道上升空间在哪里，于是期望通过跳槽，重新寻找出路。

终有一天，当你蓦然回首，会惊诧地发现，这些年来，你似乎没做过一件像样的事，除了学习考证一无所长，一步步把自己变成了"职场老油条"。

阿聪的职业起点无疑比很多人高出许多。

　　他毕业于国内一所著名的高等学府，毕业之后顺利进入一家世界500强企业。三年之后跳槽去了另一家企业，后来一发不可收拾，跳槽成为他的"家常便饭"。

　　然而诡异的是，"王小二过年，一年不如一年"。阿聪发现，自己越跳越糟，工作越来越不顺心。他察觉到这里面似乎有问题，但不知道问题出在哪里。

　　很快，阿聪找我进行了一次咨询。

　　我：看了你的信息表，你似乎眼下面临一个困惑，就是要不要读MBA。我想知道的是，你为何想去读MBA呢？

　　阿聪：我感觉自己之前的职场经历不是太顺。我想多赚钱，早日实现财务自由！

　　我：能告诉我你认为财务自由意味着什么吗？

　　阿聪：在我看来，先赚上一大笔钱，以后独立经营一家公司或者做个实体。每天躺着都有钱赚，就是财务自由。

　　瞧，阿聪的梦想是否看起来很眼熟？

　　从我接触到的咨询者来看，很多人的梦想都是惊人的相似，差不多都是先赚上一笔钱，然后自主创业。而创业的项目也有着惊人的相似，对女性而言，很多都是开花店、开咖啡店，成为按小时收费的咨询师；对男性而言，差不多就是创办一家企业，但至于这家企业到底要做什么，很多人根本无法说出个所以然来。

　　为什么明明不同的人，却有着惊人相似的目标？

　　那是因为太多的人缺乏自我认知与独立思考，他们的目标既不单纯也不独特，可操作性很差。

既然阿聪提到了赚钱，我和他探讨了一下这个话题。

我：看你的资料显示，你在大学学的是一门专业性很强的专业，并且你工作至今，也都是从事和专业相关的工作。通常说来，赚钱有两种途径，一是自主创业当老板，二是成为某个领域的高薪专业人士。你读MBA，和你的专业完全不沾边，你打算怎么赚到这第一桶金呢？

阿聪：这就是我报考MBA的目的啊。我觉得金融投资来钱快，所以立志要报考这家商学院的MBA。

我：嗯，很好。以你目前的背景和条件，你会被什么样的商学院录取呢？你理想中的商学院的录取条件是什么，你可曾留意过？

阿聪：提到这个我感到很失落，所以才来找你咨询。这家商学院在国内也是很不错的，但是他们的录取条件比较严苛，必须证明自己具有领导力。我打电话问过MBA招考办，他们培养MBA的目标是挖掘与培养商业领袖。这正是吸引我的地方，如果我能考上，别的不说，我的同学可都是未来的商业领袖啊。在这样的圈子里混个几年，我不成功都难呀！

我：看起来你似乎想得很清楚，目标也很明确。那么你来咨询，只是为了确认这个目标吗？

阿聪：当然不是，其实我也不知道这个目标到底对不对。毕竟MBA的学习费用不菲，初步估算要十几万元，另外，我也不确定读了MBA能否改变自己的命运。

听起来，阿聪已从刚开始的幻想状态渐渐步入了现实，他开始思考投资回报的问题了。

我告诉阿聪，如果单纯从投资回报的角度上考虑，十几万元产生回报的路径未必只有考MBA这一条路。另外，也没必要非等到考

MBA再去创业，完全可以拿这十几万元现在就去创业。

另外，还有一个关键的问题，如果停滞在目前的状态（阿聪每份工作都做不满3年，也从来没有做到中层管理者的职位），阿聪可以进入什么样的商学院？如果接触的人多数和他的层次相当，又能学到多少真正实用的东西？他的人脉圈到底能获得什么提升？

阿聪陷入了沉思。随着咨询的深入，他渐渐发现，原来，核心的问题不是说通过考上商学院的MBA改变自己的命运，而是需要通过改善自身的处境，走出目前的困境，方能争取被更好的商学院录取。

放到求职或跳槽中，这个理论同样成立。

不是找到一份好工作从此就能平步青云，而是如何通过自身的改善去争取更好的工作或职位。

阿聪长舒了一口气，他说自己终于找到问题的症结所在了。但是新的问题又来了，那么目前他应该做什么？他觉得公司管理一团糟，分分钟也不想在公司待下去了，很多同事也和他有着同样的困惑，根本不知道上升空间在哪里。

我问阿聪，除了转行进入一个全新的投资金融领域，还有没有其他的选项。

他想了想告诉我，其实除了转行投资金融领域，还可以争取进一家更好的公司，然后一步步做到管理层。

我继续问他，这种"更好"有什么标准吗？

据我所知，阿聪目前所在的企业在同行业中不论业绩还是口碑都是屈指可数的，甚至还一度被评为业内最专业的机构，也就意味着，通过横向比较，这家企业已经位列行业领先位置，再找个"更好"的又从何谈起呢？

阿聪对我说，其实他也知道公司的实力，只是感觉公司有很多问题，管理不规范。

我明白，阿聪的感受确实是很多职场人共同的感受，但是大家都在"等靠跳"——等着一份不错的工作机会，指望依靠公司规范的管理和机制获得职业晋升，如果发现事实与想象有差距，一言不合就跳槽。结果就是，谁都没帮企业解决问题，只是备受失望情绪的反复折磨，消磨了曾经的斗志，做什么事情都浮于表面，永远都在"蜻蜓点水"，不肯钻研不肯深入，做不成一件像样的事，拿不出一份像样的成果，然后继续"等靠跳"的模式，最终变成"职场老油条"。

**你是否陷入了这样的困境与循环？**

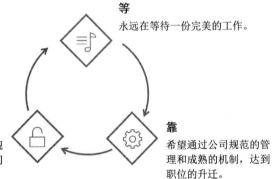

**等**
永远在等待一份完美的工作。

**靠**
希望通过公司规范的管理和成熟的机制，达到职位的升迁。

**跳**
一旦发现公司管理不规范或者看不到上升空间就跳槽。

一番咨询下来，阿聪意识到，之前自己一直向外求，奢望通过改变环境让自己强大。现在才发现，原来自己用力的方向错了，应该沉下心来，好好研究一下目前公司到底存在哪些问题，并且仔细思考，可以向领导提出哪些合理化建议和方案，和企业一起变好。在这个过程中渐渐使自我强大，通过真正的洞察，提升自己发现及解决问题的能力。

一旦自我开始强大，说不定就会有新的岗位和机会向他招手，到时候等工作有了起色，做到管理岗位之后，再去申请心仪的那家商学院的MBA，和商学院分享这一路的点滴体会与收获。不论自身优势还是能力和洞察力，都可以匹配商学院培养商业领袖的教学目标，从而在真正意义上提升自己并学以致用，做一名真正的管理者，为企业带来更大的价值，最终实现自我价值。

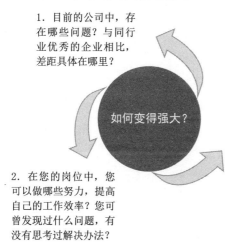

1. 目前的公司中，存在哪些问题？与同行业优秀的企业相比，差距具体在哪里？

如何变得强大？

3. 跳出情绪陷阱，分析目前工作真正的困境是什么导致的，自己能做哪些尝试与改变？

2. 在您的岗位中，您可以做哪些努力，提高自己的工作效率？您可曾发现过什么问题，有没有思考过解决办法？

其实，即便如阿聪向往的金融投资行业，也会有毫无作为的平庸员工；而500强的大企业里，也有太多拼命干活、不足为道的螺丝钉；甚至在管理领域，也有一些不胜任的人才——正是因为太多的"德不当其位，能不胜其职"的现象存在，所以人们在职场中才会感觉很糟糕，但又无能为力。人们总认为是环境不好，试图找到一家完美的企业，好像这样一切问题就可以迎刃而解了。

然而人们却忘了，强大才是一个人最厉害的核心竞争力。所谓人脉也好，职位也罢，都是强大之上的附加值。

"一个人得多么鞠躬尽瘁地浪费时间，才能在如此漫长的人生中做到一事无成啊。"

——曾几何时，刘瑜在《送你一颗子弹》里说的这句话，在多少职场人身上得到印证。

在婚姻里，我们总希望找到一个永不变心、富足多金的对象托付终身；在职场中，我们总是奢望进入热门行业、企业及职位，让自己变得强大。

　　人们正变得越来越没有耐心，越来越不想靠自身力量变得强大了。

　　有句话是这样说的："时间仍在，是我们在飞逝。"

　　时间一直在玩着大浪淘沙的游戏，总有一天你会明白，沉淀自己的见识与能力有多么重要，而比这个更重要的，是自己真正地沉下去，做成一件像样的事情。

## 精英的功底绝非一日而成

差不多的人生，其实差很多。

周末带着孩子去图书馆，经过繁华的闹市区，我看着一栋栋奇特高耸的写字楼，无法遏制地在内心拼命还原小时候的场景——

曾几何时，这里有一座牙膏厂，效益一度好到爆棚；

瞧啊，那块地段原本有一家很大的棉纺厂；

嗯，那里似乎是一家研究院……

记忆里这些曾经顶着耀眼光环的稳定之所，是多少人耗尽前半生去奋斗、托付了青春和汗水的地方，如今却消失得无影无踪，只剩下清一色青灰高耸的写字楼，面无表情地矗立在城市的中央，望着熙熙攘攘、奔波忙碌的人群。

喧嚣的人才市场里，无数年轻而焦急的面孔在这里等待着属于自己的机遇和挑战，没有人会听到被时间侵吞、被风口吹散的哭声。

在一个又一个时间的岔路口上，职场总是惊人的相似，上演着一幕又一幕悲欢离合。

### 一、有多少职场人，费尽一生把自己培养成一枚"职场螺丝钉"

张丹是一名80后，10多年前毕业于国内一所重点大学的哲学系，硕士研究生学历。

研究生毕业那会儿，导师建议她读博深造，今后专门从事哲学教研工作。

年轻的张丹摇摇头，她不甘心自己的人生淹没在浩瀚无尽的哲学研究领域，她渴望外面精彩的世界，想要在职场中历练历练。

"你当时为何报考哲学系？"我问。

"我从小家里穷，看见父母整天劳碌，我发誓一定要考上一所重点大学让他们高兴。高考那一年我报考了理想中的重点大学，可分数没有达到第一志愿专业的分数线，就被调剂到了哲学系。"张丹说。

"大学4年期间，你可曾想过换专业？"我问。

"没有，不过我花了大量的时间学外语。我的英语成绩很好，在班里排名第一。"张丹说。

大学快毕业的时候，由于张丹学习成绩优异，获得了学校的保研名额，读了3年硕士研究生。

25岁，张丹硕士研究生毕业。

一边是导师力劝她留下来考博，未来留校任教，一边是自己内心焦躁不安的心，她觉得自己年纪轻轻就能一眼望到未来，这样的生活简直太糟糕了！

"我先去外面闯闯，实在不行再回来考博。"这是张丹当时的决定。

张丹经历了一段艰难的找工作的时光。她实在不知道自己想做什么、能做什么，唯一愿意使用和发挥的优势就是英语，但比起英语专业毕业的同龄人，张丹的竞争力还是差了一大截，做不了特别专业的工作。最终她来到一家外企，做起了销售工作。

据张丹描述，这份工作的主要内容就是坐在电脑前和外国客户进行在线及邮件交流。她蛮喜欢公司的氛围，同事们的关系很融洽，很快找到了归属感。

27岁到33岁这几年，张丹实现了人生重要的角色转变，完成了恋爱、结婚、生子的大事。

休完产假张丹回单位上班时，不禁为自己这些年来没有跳槽感到庆幸。毕竟大家都熟悉，家里孩子临时有什么事打个招呼就能溜回家照看，除了工资不尽如人意，她非常满意这份工作。

然而好景不长。

不久前公司开了一次大会，大意是公司这两年业务下滑得厉害，总部决定清退一部分员工，而张丹就在清退名单之内。

张丹一听脑袋就炸了，顿时慌了神。

她找到曾经的导师，希望还能回来读博。导师无奈地摇摇头："现在我们的课题压力也很大，更希望招年轻的研究生。你现在年龄大了，这些年的专业恐怕也丢得差不多了，如今还有了孩子，你的精力和时间如何能和刚毕业那会儿相比呢？要我说，你现在还是老老实实回去上班，照顾好孩子就好了。"

张丹的鼻子一酸，刚想说自己很快就要没工作了，但忍了忍，最终没说出口。

张丹感慨万千："我曾经那么意气风发，总以为人生可以随时重来，现在才发现，有些机会一旦错过就永远错过了，根本没有重来的可能。"

对张丹而言，前面的路确实一片迷茫。这些年下来，她显然把自己培养成了一枚"职场螺丝钉"。除了本职工作，她根本不了解自己，也不知道自己想做什么、能做什么、擅长做什么，只能试图抓住考博这根最后的稻草维系所谓的稳定，但现实远没有那么乐观。

## 二、差不多的人生，其实差很多

曾几何时，我们都听过这样的说法："何必那么辛苦，差不多就行了。"

果真？

如果把老师的注意力比作财富，你会发现班里的学霸无疑吸引了老师绝大部分的注意力，也就意味着，10%的学霸占据了老师90%的注意力。

当你踏入社会，很快会发现一个规律——这个社会的财富规律，毫无例外地遵循"学霸通吃定律"。

我们看一组努力回报曲线。

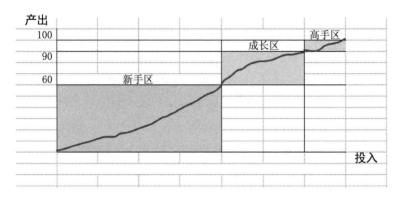

按照努力和回报的关系，我们划分为三个区间，分别为新手区、成长区和高手区。

1. 新手区

在新手区里，你从0分做到60分只需要付出一点点努力就可以了，这里几乎不存在什么不确定因素，你的努力不会白费。

这就像班里一名成绩倒数、分数不及格的学生，想要考试及格，只需要稍微用点心、努把力就可以了。

这就是很多人在从事一份工作最开始阶段的感觉，很多事情刚开始做的时候特别有成就感，也很有热情，甚至觉得自己太聪明了，不费吹灰之力就学到了一样新的本领。

2. 成长区

在成长区里，情况就变得复杂多了。

这是从60分迈向90分的阶段。

这个时候你可能面临两种情况，一是缺乏正确的方法，努力了很久却收效甚微；二是即便你找到了正确的方法，也会发现上升的速度比新手区要慢多了。

这就像一个60分的学生想要达到90分，并不是靠一味地努力就可以了，还需要掌握正确的学习方法。即便掌握了方法，他的进步空间只有30分，也没有一开始的60分那么多了。

大部分的焦躁、怀疑、失落等情绪，往往出现在这一阶段。

这个阶段你可能会花很多时间试错，直到摸索出适合自己的领域及方法，加上不懈的努力，方能进阶到下一阶段——高手区。

### 3. 高手区

高手区里，云集了90分以上的牛人。这个时候风口及运气往往能放大他们的努力和成绩，呈现出人生开挂的状态。

这就像一个平时成绩在90分左右的学生，如果他在考试前一天晚上看了一道难题并记住了解题思路，结果第二天考试正好碰上了类似的题目，他很可能就会拿到高分，把其他学生远远甩在身后。

这个图几乎适用于解释职场中遇到的各种现象。

拿财务这个职业来举例，一开始你从大学毕业进入公司的时候，你的成就感是最高的，你从一个什么都不会的应届毕业生，到把Excel表格、财务软件等用得炉火纯青，你每天都会感觉自己在进步，觉得自己简直太有天赋了。

然而，当你开始独立负责公司的全盘账务，你会发现，这件事根本没那么容易。如果你没有足够的专业度和视野，你可能一点长进也没有，甚至会有那么一段时间，你根本看不到明显的进步。

如果你能够突破以上阶段，进入量变到质变的临界点，成长为一名财务领域的专家，后面的路就顺当多了。

当然，至于最终你能否开一家会计师事务所，能否找到志同道合的合伙人，这就要看机遇等因素了。

你可以联想一下，你所做的职业，是否也是如此。

## 三、没有一个真正的高手，是突然牛起来的

张丹的案例具有普遍意义。

她代表了职场中很多年近中年的人：在选择职业的时候太过随

意，缺乏规划意识，没有花时间和精力进行自我探索、找寻自己擅长的领域，更没有尝试持续发力，将某件事情做精做专。随着时间的流逝，渐渐失去了选择的权利和机会，在不知道自己能做什么、想做什么、擅长做什么的前提下，失去了现在的工作机会，丧失了生活的希望。

与此同时，随着互联网的深度传播，我们会发现不断冒出来一些牛人，让我们感觉不论从精神到智力都被无情碾压。

在这些牛人当中，有不少涌现出来的自媒体人，很多看似一夜爆红的人。你若深究就会发现，其中绝大多数都是经过了相当长时间的积淀，绝非一日而成。

即便功底深厚，他们也不敢有一丝松懈，很多人的时间已经不分上下班、工作日或节假日，只要醒着，几乎都在做三件事：（1）准备写东西；（2）写东西；（3）反思写的东西。

事实上，一旦你把爱好变成了职业，该出现的倦怠并不会因此少一分。不论是立足于本职工作做精做专，还是将爱好发展为自己的职业，你该付出的努力和艰辛，你所遭遇的倦怠和瓶颈，其实一点儿都不会少。

曾经有位知名的自媒体人在接受采访的时候坦言，有那么一段时间，这种倦怠感到达了什么程度呢？那就是忽然没来由地对一切都很厌倦，很恶心，朋友圈不想发，话也不想说，文章发了也不想看留言。

她抵抗厌倦的方式就是不断地提醒自己，越厌倦，越要上。

要上，不是简单重复，而是努力挣扎，走出原来的困境。

在任何领域，如果想要有所成就，都需要超越极限的学习，都需要孜孜以求的探索，都需要殚精竭虑的思考，都需要无数次失败和成功的实践，没有人可以跨过学习、实践和思考而成为一个真正的高手。

## 四、每一次危机的背后，都有一个试图逃避的你

只想要结果而不愿意承受过程，渴望追追剧、打打王者荣耀、喝

喝咖啡、吹吹牛就能突然有一天变得牛起来，这无疑是在做梦。

　　每个人的时间都是一样多的。同样是周末，你可以尝试发展自己的爱好，也可以聚会闲扯；同样是下班回家的夜晚，你可以追剧，也可以尝试读书学习；同样是怀孕生子，你可以吃吃喝喝无忧无虑，也可以利用时间给自己考证充电——你的老板不会因为你读书考证发展爱好给你涨工资，甚至不会有人在意你这些时间里做了什么，但从长期来看，时间会给出最公正的回报。

　　正如有句话说的那样，那些曾经困扰过你的问题和焦虑，如果你不正面冲撞它、击破它，它们就会在你30岁、35岁、40岁、45岁的时候卷土重来，并且一次比一次凶狠，而你却一次比一次无力。

　　这才是"中年危机"的真相。

　　而你除了让自己走出舒适区、主动纵身跳入汹涌的时代潮流外，还能有其他的选择吗？

# 形成核心竞争力

这个世界从来都不缺有才华、有资源的人，但真正的不可替代需要靠持续成长来支撑。

有人问："到底要如何打造自己的核心竞争力才能立于不败之地呢？"

核心竞争力之所以如此珍贵，正是因为"稀缺"。也就意味着，在这个世界上，绝大多数的人并不具备这种东西。

核心竞争力没有具体可见的标准，也没有立竿见影的回报，它更是一场艰苦卓绝的探险。这个过程就像化学实验中的萃取过程，如果缺乏强大的毅力和行动力，最后都会不了了之。

## 一、核心竞争力大起底：能力全息图

为了说明这个问题，先从一则咨询案例说起。

吴女士是一名年近40岁的职场女性，在一家国有企业做文秘工作。在这份文秘工作之前，吴女士是一所高中的语文老师，从22岁参加工作到35岁转型，足足有13年的教龄。后来因为家庭原因，吴女士来到一家国企从事文秘工作。但让她备感受挫的是，每次她给领导写的报告也好、总结也罢，总是被批评得一无是处，这让吴女士心力交瘁，她不知道哪里出了问题，于是前来咨询。

在这个案例中，你认为吴女士的问题可能出在哪里？

一名有着13年教龄的语文老师，为何会在文秘工作中屡屡受挫？

看完能力全息图，或许你就不难明白这个问题了。

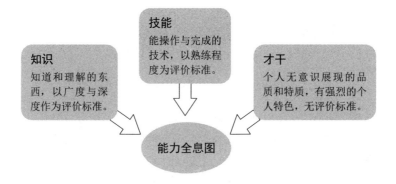

根据能力全息图，任何能力都由三部分组成。

知识：知道和理解的东西，以广度与深度为评价标准；

技能：能操作与完成的技术，以熟练程度为评价标准；

才干：个人品质和特质，无评价标准。

任何一项工作的完成，都离不开这三样东西。

通常来说，有知识能达到40分，有技能就会达到60分，熟练的话能到80分，懂得琢磨能到90分，而90 ~ 100分，就到了拼才干和天赋的地步。

了解到这些之后，再回过头看吴女士的案例，她之所以当了13年的语文老师依旧在文秘工作中屡屡受挫，是因为：

吴女士之前高中语文老师的工作让她积累的更多是写作理论知识层面的东西，这部分最多只占到能力的40分；

如果吴女士工作之外很少自己写文章，或者偶尔记录心情，没有给报社期刊投稿，那么她在写作能力方面还没有积累相关的技能，更谈不上熟练写作；

谈不上熟练写作，也就谈不上每天思考琢磨如何才能真正写好一篇文章，更谈不上拼才干、拼天赋的程度。

一个真正优秀的文秘人员，能够写出让领导满意的材料，需要具备以下三方面能力。

知识：基本的写作理论基础、大量的阅读、熟悉单位业务（满分40分）；

技能：写作能力、沟通能力（了解领导的预期和意图）、分析与综合能力、数据收集、概念化能力、逻辑思维能力（有技能60分，熟练80分，会琢磨90分）；

才干：洞察力、领悟力（90～100分，拼的是才干与天赋）。

从上述分析不难得知，吴女士在写作能力方面只有40分左右：她具有基本的阅读与写作理论基础，但从来没有写过公文，对单位业务不熟，沟通能力欠缺。

于是，当吴女士从高中语文老师转型为文秘时，就会出现适应不良的状况。

从这个案例中我们不难看出，所谓的"核心竞争力"恰恰出现在能力的90～100分区间：即你拥有了相关理论知识，对技能运用十分熟练，平时也擅长琢磨，再结合个人的特质呈现，方能成为他人无法替代的人。

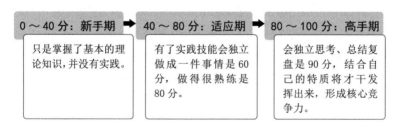

| 0～40分：新手期 | 40～80分：适应期 | 80～100分：高手期 |
|---|---|---|
| 只是掌握了基本的理论知识，并没有实践。 | 有了实践技能会独立做成一件事情是60分，做得很熟练是80分。 | 会独立思考、总结复盘是90分，结合自己的特质将才干发挥出来，形成核心竞争力。 |

## 二、核心竞争力的两条战略总纲

### 1. 将你的精力和时间，投入到"大概率向上发展"的方向中去

这种"大概率向上发展的方向"，就是所谓的风口。

如果你现在从事的是高科技密集型行业、大数据辅助商业、影像

领域、医疗、线上远程咨询及教练职业等，这些都是未来高速发展的行业，也就是"大概率向上发展"。随着时代的推进，你很快会进入快速制造机会的体制，完成个人飞速成长，成长为经验丰富、无法替代且有相当话语权的行业领军人物。

**2. 如果你的行业不是"大概率向上发展"，可以另辟蹊径**

对于很多人而言，并没有这么好的机会从事这些"大概率向上发展"的行业，有的行业甚至属于社会贡献巨大但物质回报微薄的类别，例如幼儿园老师、教师、医生等。

那么，在这种职业环境下，指望大环境希望渺茫，只能从内寻求突破。

有一位法医是这样做的：他工作之余通过微博、博客，解读重大事件，回答网友疑问，被人们亲切地称为"老秦"。

从2012年开始，网上出现一部名为《鬼手佛心——我的那些案子》的小说，不仅能够满足读者的好奇心，也能普及法医学知识，例如尸斑是如何形成的，如何利用尸块找到死者身份信息等。渐渐地，法医秦明名声大噪，他的作品被拍成了轰动一时的电视剧。

这是一条人迹罕至的路。将一路的见闻记录下来，用文学作品的方式输出，满足读者的好奇心，并获得回报。

比起那些一旦工作不顺心，动不动就想来"一场说走就走的旅行"的职场人而言，法医秦明的这条路显然高明很多。它是通过一条小路逆向发展的，比起收益小的行业而言，用自己独特的见闻进行内容输出从而产生巨大的社会效益和经济效益，是法医秦明的成功之路。

或许在法医界，秦明只是一名再普通不过的法医；然而在法医界，他是能创作文字作品的。这就是通过多重能力组合，打造出自己的核心竞争力。

通俗说来，这种核心竞争力就叫"在A领域你擅长B，而在B领域你精通A"。

### 三、自我迭代能力是核心竞争力的重要基石

要说现在唯一不变的，就是变化。

从某个角度来看，每个人都是一个企业，都在通过不同的方式给这个社会带来不同的价值。

例如一名传统的费用会计给单位带来的价值最主要的就是节流，通过控制不合理支出给公司省去不必要的开支。

在费用会计这个岗位中，所谓的"型"就是这名会计用什么方式控制支出——有的通过预算，有的通过制度等，这些都是不同的"型"。

在经济学领域，有一个"效用函数"理论，说的是随着时间的推移，某件事物或能力的效用逐渐递减。于是，以时间为自变量、以效用为因变量可建立"效用函数"，如下图所示。

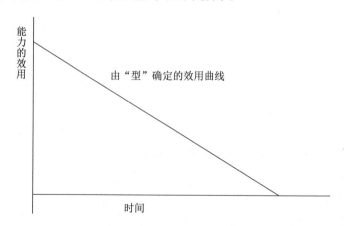

比如，一名费用会计通过制定费用报销制度达到了控制费用的目的。这个制度一旦确立，随着时间的推移，这名会计审核费用的能力对单位的效用是递减的，直至一名新的会计很快就能凭借这些制度审核单据。

效用递减规律在职场中最直接的体现就是，很多给公司立过汗马

功劳的老员工，他们的能力价值随着时间的推移逐渐递减，于是出现了所谓的"职场半坡"现象——他们创造的效益越来越少，而成本却越来越高。

在这种前提下，单位裁员首先就会考虑拿这些中年人开刀。

而此时，转型无疑是一种抑制效用递减规律、延缓职业衰退的有效办法。它将会很大程度上改变原有的效用曲线，通过这种"转型"跳到另一条曲线上，达到一种新的高效用，开始新的递减。

在当今变化的时代，每个人都需要练就"转型"本领，可以通过调岗转型，也可以利用爱好转型。

### 1. 岗位转型

例如，一名技术员转型为项目经理，就是岗位转型。

### 2. 爱好转型

爱好又分为消费型爱好和生产型爱好。区别在于生产型爱好能让你有创造过程，能让你的大脑产生多巴胺，且在这份爱好中体会到的快乐远远超过吃喝玩乐，能达到"沉浸感"。

很多人都说自己喜欢写作，但能否在写作领域持续下去并最终靠写作赚钱，就需要看写作这个爱好是否为"生产型爱好"。

例如，有人写作纯粹是为了排解情绪，让自己感觉爽，这和你邀上几个朋友大吃大喝没有本质区别，这叫"消费型爱好"，无法给你带来经济收入。

而如果你享受创造的过程，坐在电脑前能持续写上几个小时不知疲惫、废寝忘食，这就具备了"生产型爱好"的特点。你只需要持续努力，总能获得技能增长，甚至形成你的核心竞争力。

## 四、最容易打造核心竞争力的三种人

真正搞懂核心竞争力并付诸行动形成核心竞争力的人，往往是少数。

从我的咨询经验来看，具备以下三种特质之一的人，最容易打造核心竞争力。

### 1. 自我驱动的人

这类人不需要他人驱动，哪怕没有外界压力，他也能给自己"压力"——这种人具备锲而不舍的精神，什么事情非弄得水落石出不可。

这种人在平时遇到一个问题时从来不会轻易放过，遇到别人问自己问题时就想研究一下再回复。总之，这类人对自己有严格的要求，对他人有高度负责的精神。

### 2. 喜欢分享和输出的人

比如你明天要上台给其他同学讲解一篇课文，你头天晚上会连夜查资料进行整理分析，结果，越分析越感到有意思，真正学进去了。到第二天，你分享起来头头是道，别人懂不懂不知道，但是你很high倒是真的。

到后来，你为了做好分享，还需要锻炼口才，学习PPT，等等，一系列能力就都提升上来了。

### 3. 善于发现问题、勤于思考的人

1932年胡适在一次演讲中提到，大部分毕业生毕业后就堕落了，就不去学习了。为避免出现这种问题，他给出了三个锦囊，其中第一个就是："总得时时寻一两个值得研究的问题！"

就是脑袋里要有问题，并搞清楚问题。

例如有的人对工作不满意，自己就会琢磨到底不满意什么地方——是工作内容枯燥，还是自己能力不够，或者是人际关系障碍。

如果是工作内容枯燥，这个人就会想办法提高工作效率，并不断挖掘工作内容，每天给自己制定挑战与目标。如此下来，这个人的成长速度自然是其他人无法企及的。

一言以蔽之，核心竞争力是逆人性的，因为这个过程确实很费劲、很麻烦、很耗神。

但是总有一天你会发现，正是为了打造核心竞争力，我们不停地和时间赛跑，无形中给自己积累了一门稳赚不赔的生意。

## 高手是怎样炼成的：迭代升级

### 一、人们总是高估今天的变化

"晓璃老师，我感觉自己所在的行业要不行了，快告诉我，我该如何转型？转向何方？"

"晓璃老师，我是一名会计专业的应届毕业生，我担心AI迟早要替代这个领域的很多人，我要不要放弃会计学，学点其他的？然而，到底学什么，未来才不至于被淘汰呢？"

"晓璃老师，快告诉我，到底什么职业更有前景呢？"

…………

人们纷纷对未来产生了前所未有的恐慌。

然而很少有人问我："晓璃老师，我想知道职场中到底什么才是不变的本质？"

在我看来，与其过分追逐变化的外在，不如研究不变的规律与价值。如果不认识到这一点，你永远会像个陀螺一般，每天疲于奔命，应付外在的变化，却很少沉下心来反思真正的问题出在哪里。你会被变化迷住了双眼，对未来越来越迷茫。

人总有一种错觉，对"发生在现在的事"比对"将来会发生的事"更敏感。人们往往倾向于夸大眼前的困难，或者夸大眼前的成绩。

那些口口声声为明天焦虑的人，他们担心的恰恰不是未来，而是高估了眼前的变化，徒劳地追逐那些稍纵即逝的目标。

和你分享一个真实的故事。

在我开通微信公众号那会儿，身边也有个朋友K同时开通了微信公众号。两年多之后的一天，当我和K无意中闲聊，对方颇为感慨地说："现在时运不济啊，公众号已经是一片红海了。我去年转战过头条，貌似也没有太大收益；我打算今年做小视频，再去转战视频类的网站，听说这种形式更有利于传播……"

看起来，这位朋友比我"精明"多了，他在不停地寻找所谓的"风口"。然而遗憾的是，他却丢掉了自媒体最核心的竞争力——内容。

我没有告诉他，这两年多，我一共发布了一百多万字的公众号职场原创内容，出了三本职场书籍。与此同时，我的咨询时长早早突破了1000小时。随着内容的垂直和进步，目前已经和领英、分答这样的专业级平台建立了合作关系。

这一切，都源于一个强大的人生算法。

## 二、把未来建立在不变的基础上

"人生就像滚雪球，重要的是发现很湿的雪和很长的坡。"

这句话是我放在案头用于自勉和警醒的一句话，出自股神巴菲特。

当然，关于这种算法还有一个更通俗的版本：成功=核心算法×大量重复动作$^2$。

我曾经在文章中提及一个观点，那就是所谓职业危机的真相，本质上说来就是一个人永远停留在职业适应阶段，根本没有成功跨越适应期，到达更高的层面。如果一个人能在某一领域修炼到了高手区，那么任何危机对这个高手而言只是换个玩法，说不定还是个不错的转机。

举个简单的例子。

在会计培训领域有很多名师，例如教会计的张志凤老师，请问他会担心职业危机的到来吗？

不会。原因很简单。

因为他的收入来源由下面这几项构成。

（1）张志凤老师的本职工作是北京信息科技大学经济管理学院的会计学教授、硕士生导师。这部分收入的性质和很多人一样，都是工作带来的收入，属于劳动收入。

（2）张志凤在工作期间潜心研究专业领域，发表了一系列专著论文，在业界享有一定的声望与名气，与网校合作讲课，这是无形资产（个人影响力）给他带来的收入，属于资产类收入。

（3）如果张志凤老师退休后创办会计师事务所，成为自负盈亏的企业法人，按照他的专业水平与名气，以及他的人缘及口碑，拓展业务并非难事。那么这部分收入则与市场风险直接关联，属于风险类收入，未来业务一旦步入正轨，收益也是巨大的。

（4）如果张志凤老师退休后不想开事务所，也可以给很多公司做财务顾问，等等。

如此一来，你会发现张志凤老师永远都有路走，永远都不用担心职业危机。

因此，想要在变化的世界里打造不变的竞争力，对于很多家境普通的"拼一代"而言，成为高手是一条靠谱的逆袭路径。它可以跨越阶层，直至改变自己的命运。

### 三、高手和普通人的差距在哪里

想要成为高手，就需要了解高手与普通人的具体差异所在，才能找到正确的努力路径和方法。

为了说明这个问题，我们以一名职业棋手的成长为例。

请问，如果一个人想要成为职业棋手，他要经过哪些训练和努力呢？

我猜你的回答可能是——

（1）找一家培训机构，跟着专业的老师学习下棋；

（2）打比赛一路升级；

（3）成为职业棋手。

还不够。我们还要继续分析：如果这个人跟着老师学习下棋，需要学习哪些内容，又到底要经过哪些阶段呢？

（1）花大量的时间研究棋谱，琢磨整盘棋大体有哪些布局，对手经常出哪些招数，对应的破解招数有哪些。

因此，多数时候，一名真正的专业棋手大部分时间恰恰不是和人下棋，而是一个人静静地对着棋盘摆棋谱，不断加深对棋谱的记忆和运用能力。

（2）大量重复的练习。

作为一名真正的棋手，主要的练习往往是记定式、打棋谱这种思维模式的训练，同时适时安排对弈，经过长时间的练习，才能真正掌握棋谱。

（3）及时反馈。

有一名教练至关重要，因为教练的主要作用就是以旁观者的身份提供及时反馈，指出你可能无法意识到的盲区，渐渐地将棋谱内化到自己的脑海中，最终形成一个强大的神经网络结构，让你面对任何棋局都能游刃有余，最终成为专业棋手。

而下棋里的棋谱，就是最核心的东西，叫做"模型或套路"。

因此，想要成为真正的高手，最关键的一步就在于熟悉并掌握这个行业或领域的模型或套路。就像学画画的人一定要从素描学起，必须掌握起码的线条和结构，才能谈及深入学习。这种模型和套路有一个耳熟能详的名字——基本功。

这种基本功，无一不是经过了大量的学习和训练。如果你真的想成为一个高手，最关键的一点就是，永远不要贪图捷径，所谓"21天成为专家"根本就是一个噱头——不肯真正下功夫去学去练，神仙也帮不了你！

### 四、高手是怎样炼成的

如前文分析,一个人想要成为某个领域的高手,离不开三大要素:一是基本功(也称套路和模型);二是大量反复的练习;三是及时搜集反馈,不断反思和改进。

而喻颖的人生算法更是这种路径的表现形式,即成功=核心算法×大量重复动作[2]。

我们回到开始的那个例子,类似于张志凤老师这样的会计培训专家又是如何炼成的呢?

#### 1. 扎实的基本功

张志凤老师毕业于首都经贸大学,1994年前往美国蒙哥马利奥本留学,1992年起开始从事会计职称考试培训工作,1997年起从事注册会计师考试辅导工作。

任何一个领域的牛人,他的知识储备足够多,不仅仅体现在数量上,还体现在思考的质量上——你没想过的他都想过,你开始想的他早就研究过,你打算研究的他已经实践过。

经过了学习、实践及思考,他的头脑对这一领域的知识已经高度系统化和抽象化,早就内化进大脑,渐渐地有了自己独特的看法与观点,并触及这个领域的本源和实质。

#### 2. 大量重复的训练

我喜欢的一位作家叫余华,写过《许三观卖血记》《活着》等好作品。

他之前是一名牙医。当时牙医工作很辛苦,为了更舒服地生活,他开始到文化馆写小说。

余华说:"一开始时,我连标点符号都不会用。根本不知道如何写,所以就先从短篇小说写起,那个过程很艰难。"

"坐在书桌前,我脑子里什么内容都没有,但一直逼着自己往下写。我发现写作会让一个人变得自信,我第一部作品写得很差,但有几句话写得很好。第二部好像开始有故事了，然后再写第三部，就发表了。"

他曾经说过这样一句话，一个人想要成为作家，必须"要让你的屁股和椅子建立起深刻的友谊来，要坚持坐下来"。

用对话推动情节，对人物进行心理描写等都是一名小说作家的基本功，但余华却发现自己不会这些基本的技能。怎么办？为了练习这些技能，他也是很拼的——

看了威廉·福克纳的一篇小说，故事是一个穷人把富人杀了，作家用了近一页纸去描写他刚杀完人后，他的女儿如何看他。作家用杀人者的眼睛去看，把杀人者的心态表现得非常到位。

他后来又翻出了《罪与罚》，重读了小说中的人物拉斯科尔尼科夫把老太太杀死后的状态。文中没有一句心理描写，全是他惊恐不安的动作。刚躺下突然跳起来，感觉袖口有血迹。没有，又躺下，又跳起来……

就这样，经过大量反复的磨砺与死磕，余华终于成就了自己的梦想，成为一名知名作家。

要知道，不会有任何厉害的高手因训练丧失了灵气。但如果缺乏大量反复的训练，一个人很难成为高手。

没有大量反复的训练，即便你天资再高也枉然，《伤仲永》就是极好的例证。

我们相信，类似张志凤这样的名师在讲台上对会计这门学科的精彩演绎绝非一日之功，必然经过了大量反复的训练，才渐渐形成了属于他的讲课风格。

### 3. 搜集反馈，不断反思与总结

很多职场人向我抱怨说，自己缺乏师父或者教练在一旁给予专业的指点。但如果他们得知教练的主要作用是以旁观者的身份提供及时反馈的话，那么在职场环境中，这个功能离开教练也同样可以由他人完成，例如你的同事、你的客户、你的领导等。

现实中你一定遇到过这样的人，他们确实有些能力也有些本事，但平时总是一副高高在上的模样，你会不会觉得挺讨厌？

如果这个时候，有个和他水平相当的人态度和蔼，并且难能可贵的是，态度和蔼的这个人总是以顾客为导向，他们面带微笑、平易近人，愿意带领公司内部更多的员工成长与进步。

如果你是领导，你更愿意重用谁呢？

职场是人和人构成的江湖。在这个江湖里，你心里能装下多少人又能影响多少人，直接决定了你的江湖地位和威望。

毫无疑问，一个心中时时有他人、遇事愿意为他人着想的人，自然就不太容易受到情绪的困扰，因为遇到任何问题即便是不好的反馈，这些人的思考方向永远都是：如何做才能让对方感觉更便利、更好呢？

如此，这个人更能够集中精力和注意力服务他人，随着服务质量的提高，自己的口碑自然就提高了。

我相信，张志凤老师一开始站在讲台上课时，也经过一段青涩期，也一定遇到过一些不好的反馈，也是一步步反思、改进与提升，才有了今天的威望和地位。

从这个角度来说，如果领导批评了你，同事指出了你的不足，倘若你意识到自己真的存在不足，感激都还来不及，又有什么委屈的呢？

想想看，我们不正是通过这种反馈才能看见自己看不到的盲区，然后才能谈及改进和成长的吗？

请记住，没有一个真正的高手是突然变厉害的。

我们再来回顾一下本节涉及的人生算法公式：成功=核心算法×大量重复动作$^2$

在这个公式里有三个阶段，分别是：

（1）扎实的基本功（套路/模型）。

（2）大量重复的训练。

（3）及时反馈、复盘与总结。

没有谁能超越这三点成为真正的高手，如果你有志于成为像张志凤老师这样的高手，请记住：

静下心来进行大量的学习与练习，尤其是夯实基本功，学习基本的套路和思维模型。

数年从不间断地实践、观察、思考、积累。

正确看待反馈，通过反馈不断修正自己的行为、态度和方法。

如果可能，再加上大量处理临时性突发事件的锻炼，你必然会在一个领域中做到得心应手。

最后，引用一句话结束本节，那就是——哪有什么可以直接登顶的人生，只有根据反馈不断迭代的过程。